GANGRÈNE GAZEUSE

LA GANGRÈNE GAZEUSE

FR. GUERMONPREZ

Gangrène Gazeuse

pendant la guerre

de 1914-1916

TOME I

2e édition, refondue.

PARIS (VIe)

Jules. Rousset, éditeur,

12, rue Monsieur le Prince;

et 1, rue Casimir-Delavigne.

1916

AUX ÉTUDIANTS DE LA FACULTÉ
CATHOLIQUE ET LIBRE
DE MÉDECINE ET DE PHARMACIE DE LILLE,
QUI, ÉTANT AUX ARMÉES,
M'ONT FAIT L'HONNEUR
DE ME DEMANDER MES AVIS,
JE DÉDIE CES PAGES,
POUR SECONDER LEUR ZÈLE
AUPRÈS DES ADMIRABLES SOLDATS
DE FRANCE,

PRÉFACE

Parmi les surprises de la guerre de 1914-1916, il y a eu la gangrène gazeuse. On avait si pleine confiance dans l'antisepsie et l'asepsie, qu'on n'avait même pas prévu la possibilité d'un fléau presque moyenageux. Quand on fut aux prises avec la difficulté, on vit de belles initiatives ; et les résultats furent plus ou moins remarqués. Après les déceptions de la teinture d'iode et de l'eau oxygénée, quelques guérisons ont été obtenues à Calais par l'emploi de l'alun et de l'éther camphré. Le récit de ces faits a été donné « hors commerce » pour répondre à la bienveillante attention de plusieurs.

Ils restent à la base de cette 2e édition. Cependant le problème de la gangrène gazeuse n'est pas une simple question de thérapeutique. Il est devenu nécessaire d'en élargir l'étude depuis que les limites de cette complication des plaies sont agitées par des controverses de toute sorte.

Certes, ce n'est pas le temps de guerre qui est propice pour la rédaction d'un Traité didactique sur la matière. C'est cependant l'occasion rare de recueillir des témoignages de première main et de s'adresser à ceux qui ont vu personnellement. La Place de Calais a été sur le passage de nombreuses allées et venues, tandis qu'elle était obstinément visée par le roi de Prusse Il y est arrivé des documents de sources très diverses. Quelques souvenirs du passé en ont été rapprochés. De ce groupement il résulte une série d'études, qui ne sont pas en forme classique.

Qu'il suffise de rapprocher des témoignages de valeur loyale. Chacun y puisera des éléments de vérité pour soulager, et guérir s'il se peut, un plus grand nombre des blessés de la grande guerre.

Calais, 18 octobre 1915.

Définition.

Pendant la guerre de 1870-1871, beaucoup de blessés ont succombé non à leurs blessures, mais à l'infection purulente, ou à l'infection putride, qui sont venues les compliquer. On ne savait pas d'où venaient ces maladies virulentes ; et on couvrait l'ignorance de l'époque par un mot vague : *miasme*.

Au cours des années suivantes, après la découverte des microbes pathogènes de la clavelée du mouton, du choléra des poules, du charbon, de la pustule maligne, etc... la même infection emporta encore des opérés en même temps que des blessés ; et il y eu encore des épidémies meurtrières d'infection puerpérale dans plusieurs maternités. Alphonse Guérin et Lord Lister, par des procédés différents, donnaient, chacun à sa manière, une preuve que la chirurgie a des ressources et qu'elle peut enrayer les calamiteuses complications. Ce fut comme un éblouissement par un excès de lumière, lorsque le bruit vint à se répandre que Pasteur avait découvert le microbe spécifique de l'infection purulente des blessés et opérés et aussi celui de l'infection puerpérale. Avec un empressement passionné, dans tous les laboratoires de bactériologie, on se mit à la recherche des germes de la maladie tant de fois combattue ;... et on eut la déception de trouver, non pas un seul, mais plusieurs microbes pathogènes ; le plus souvent c'était le Staphylocoque pyogène doré, ou bien un sreptocoque... et on en vit d'autres encore.

Après l'émotion passagère, on a compris l'erreur de poursuivre *l'utopie de la spécificité* dans l'infection purulente ; on n'y pense plus.

C'est que, de l'aveu unanime, l'infection purulente n'est pas *une maladie : —* c'est *un syndrome.*

Autant est incontestable la spécificité morbide de la rougeole, de la scarlatine, de la variole, de la pustule maligne et de bien d'autres processus morbides définis, c'est-à-dire *des maladies* connues ; — autant est variable le complexus des symptômes physiques ou fonctionnels, dont l'importance s'impose par leur réalisme dans des états morbides assez différents les uns d'avec les autres, et qu'on s'accorde à nommer *des syndromes.*

Les indications thérapeutiques sont toujours les mêmes dans une maladie définie et le traitement peut y être à peu près univoque. — C'est le contraire pour un syndrome. Il s'agit de discerner quel est le processus morbide, qui s'est extériorisé par le complexus symptomatique, qui est le syndrome. Il s'agit de découvrir chacune des indications thérapeutiques ; il faut y répondre.

Pour combattre le syndrome infection purulente, on a vainement cherché des caractères d'une spécifité morbide pour l'infection staphylococcique ; on aurait souhaité différencier celle-ci d'avec l'infection streptococcique... ; mais il y a fallu y renoncer. Au lit du malade, on est sans ressource ; et c'est le laboratoire de bactériologie, qui est seul en mesure de définir la spécificité du microbe pathogène. — En clinique, on n'a que *le syndrome* ; et cette notion peut suffire.

Le temps n'est point venu d'entreprendre un traitement spécifique contre l'infection par le staphylocoque, ou contre celle que produit le streptocoque. Tandis que le bactériologiste poursuit ses investigations et ses cultures en vue de déterminer la spécifité de la cause, le chirurgien pratique, selon les indications des symptomes, une thérapeutique, qui est tour à tour prophylactique et curative et qui reste, comme jadis, celle de l'infection purulente, avec la fixité de ses principes et avec la diversité de ses moyens.

Scientifiquement, la méthode n'est point expliquée au complet.

Pratiquement, l'infection purulente est guérie après avoir été traitée.... ; mieux encore, elle est écartée par les soins anticipés de tout un système, qui réalise l'antisepsie et l'asepsie.

Sur les bases de l'observation et de l'expérience, — avec la sanction du temps écoulé, — toute controverse est finie : le traitement de l'infection purulente est conduit sans souci de spécifier le microbe pathogène et mortifère.

Pendant la guerre de 1914-1916, il n'y a plus eu de mortalité des blessés par infection purulente ; mais un autre fléau a été meurtrier. C'est la gangrène gazeuse.

Dans toutes les formations sanitaires, on s'est employé à la combattre. On savait que, parmi les germes infectieux, il se trouve un ou plusieurs microbes anaérobies ; et on a procédé en conséquence.

On saura plus tard les conséquences chirurgicales des transformations apportées dans les manières de faire la guerre. Il n'y a plus de batailles rangées en rase campagne : on fait le guet dans les tranchées. Il n'y a plus de créneaux en pierre, ni de meurtrières en briques ; on a des boucliers d'acier, des bourguignottes d'acier et un périscope. La tête est protégée et c'est juste. Mais les tranchées sont creusées précipitamment ; elles sont occupées sans discontinuer ; on n'a pas la ressource de les rendre habitables ; on peut rarement aménager les parois ; on ne peut même pas toujours organiser un sol acceptable. Viennent la pluie, la neige, et surtout le dégel, il en résulte, pour les vêtements, des souillures de matières terreuses depuis le ceinturon jusqu'aux semelles et une malpropreté inévitable de la moitié inférieure du corps. On verra comment le fléau de l'infection gangréneuse des plaies de guerre peut-être une conséquence de la vie dans les tranchées.

On comprendra davantage combien est raffinée la fourberie des modernes barbares, qui ont imaginé le geste de retourner la balle allemande. Leur perversité a rencontré un châtiment. Dans un ordre du jour, l'un de leurs généraux leur a fait miroiter la perspective d'une augmentation de bien-être ; et voici que, pour eux, la vie dans les tranchées a été encore plus insalubre que pour les soldats des Armées alliées : la conséquence est que, pour eux, l'infection gangréneuse a été plus virulente, plus meurtrière que pour les nôtres.

A côté des transformations dans les manières de faire la guerre, il faut tenir compte des améliorations apportées dans le Service de santé militaire. Le transport des blessés par automobiles n'est pas le moindre progrès : entre le poste de secours et l'ambulance, il a raccourci les délais ; par la promptitude des premières interventions chirurgicales, il a certainement atténué la gravité des infections gangréneuses.

Les appréciations de cette sorte demeureraient sans portée, si elles n'étaient étayées par des faits réels, par de bonnes raisons et par de judicieuses critiques. A Calais, c'est de l'aile gauche du front, que venaient les arguments. A Verdun, à Nancy, ils provenaient de l'aile droite : et on remarquera que les uns et les autres sont en concordance entre eux et avec beaucoup d'autres. — D'ailleurs, il ne s'agit pas d'un procès à instruire, mais d'une étude clinique et technique à continuer : elle a été commencée sans indifférence et sans passion ; elle est encore menée en toute loyauté.

Sur l'ensemble du problème, deux idées fondamentales s'imposent désormais. — La première, c'est qu'il s'agit d'une infection polymicrobienne, tantôt du *Bacillus perfringens,* tantôt du *Vibrion septique ;* (et on trouve d'autres microbes, les uns aérobies, les autres anaérobies ;) infection cliniquement polymorphe. Donc il ne faut plus restreindre le traitement à une formule *ne varietur.* — La seconde, c'est que l'encombrement favorise le développement et exagère la virulence de l'infection gangrèneuse.

Donc il est utile qu'à tous les échelons du service de santé, dans toutes les formations sanitaires, chacun s'emploie à prévoir, à favoriser, à exécuter les évacuations ; puis à répartir avec sagesse et avec mesure les blessés, dont l'état est devenu grave, ou simplement inquiétant.

A la base de cette répartition, il y a place pour une définition ; mais l'accord n'est point suffisant pour fixer actuellement les termes.

La dénomination *gangrène gazeuse* n'est dans ces pages que dans le seul but d'être compris, en parlant le langage des autres.

Incontestablement, le fléau, dont il s'agit, est une infection.

Pour qualifier cette infection, ce n'est pas la cause microbienne qu'il convient de nommer, puisqu'elle n'est pas toujours la même.

Que si l'on prétendait imposer l'une des manifestations symptomatiques, il faudrait opiner entre les qualificatifs : diptheroïde, — ulcéreux, — phagédénique, — gangréneux, — gazogène, — et surtout putrilagineux ou putride ; — car le processus morbide mérite l'un aussi bien que l'autre, selon les circonstances et même selon les phases de son évolution.

Voilà pourquoi aucune définition n'est actuellement proposée. Voilà pourquoi le mot de pourriture d'hôpital est abandonné ; pourquoi la dénomination adoptée est tout simplement celle qui est introduite par l'usage, sans parti pris, sans préférence.

Au commencement du XIXe siècle, tous les chirurgiens n'étaient pas également qualifiés pour en parler. Ceux qui avaient fait les campagnes de la Révolution et de l'Empire, en avaient beaucoup vu; et ils conservaient sans conviction le nom de pourriture d'hôpital. — « Cette dénomination, écrivent Percy et Laurent, sert à exprimer un état particulier et morbide des plaies suppurantes, dans lequel leur surface se couvre en tout ou en partie d'un produit grisâtre et glutineux, (phase diphtéroïde). Cet état est suivi le plus souvent d'une telle désorganisation des parties molles, que celles-ci ne tardent pas à tomber en lambeaux putréfiés, ou disparaissent sans laisser aucune trace, par une espèce d'absorption moléculaire. C'est sans doute pour cette raison que Hunter l'a appelée gangrène ulcérative; mais la pourriture d'hôpital diffère de la gangrène par l'excessive sensibilité de la partie où elle se développe.

» Aucun auteur que nous sachions, excepté cependant Lamotte, qui n'a fait que l'indiquer, n'avait avant Claude Pouteau traité ce sujet *ex professo*.

» Claude Pouteau (de Lyon) s'en est occupé dans deux mémoires insérés dans le troisième volume de ses *Œuvres posthumes*. Dans le premier, ce célèbre chirurgien dit lui-même, qu'autant que ses recherches ont pu le lui apprendre, cette maladie n'avait occupé personne avant lui. » ([1]).

Percy et Laurent ont fait d'autres recherches, qui « n'ont pas eu d'autre résultat. — Les Anciens, grecs, latins, arabes et arabistes, font bien mention d'ulcères sordides, putrides, qu'ils attribuent à l'intempérie des humeurs et des éléments, et contre lesquels ils s'accordent à recommander les antiseptiques, les escarrotiques et le feu ([2]). Guy de Chauliac, par exemple, copiant ses devanciers, comme il fut copié par beaucoup de ses successeurs, donna, de ce qu'il appelle ulcère sordide et putride, une définition, qui convient assez bien à la pourriture d'hôpital : *Dicitur ulcus, quando sua malitia putrefacit membrum, dimittendo viscositatem, aut carnem mollem, sive crustosam fœtidam, a quo fumus attollitur fœtidus et cadaverosus* ([3]).

([1]) *Dictionnaire des sciences médicales en 60 volumes;* Paris, 1820; t. XLV; pp. 2 et 3; art : pourriture d'hôpital, par Percy et Laurent.

[2] Ce traitement, qui est de sens commun, est donc celui de l'antiquité. On n'a pu varier que ses modalités.

[3] Guy de Chauliac. Tract. IV, *De ulc.*; doct. I ; cap. 1.

» Parmi les modernes, peu d'auteurs ont parlé de la pourriture d'hôpital; et ce que quelques-uns en ont dit est inexact. La plupart, jusqu'à Pouteau, paraissent l'avoir confondue avec la gangrène humide. Ce dernier ne lui donne même pas d'autre nom que celui de gangrène humide des hôpitaux, ou gangrène molle » Dussaussoy [1] est, au dire de Percy et Laurent, le premier qui ait donné le nom de *pourriture d'hôpital*; et les auteurs du *dict. en 60* ne le conservent que faute de mieux et pour distinguer ce fléau infectieux d'avec la véritable gangrène humide. — Quesnay lui-même, dans son *traité* si prolixe *sur la gangrène*, n'en fait pas une mention expresse. Dans la distinction assez embrouillée qu'il fait de la gangrène humide d'avec la pourriture d'hôpital, il parle, il est vrai, de la suppuration putride, « qui survient assez ordinairement aux ulcères virulents et aux vieux ulcères fournis par de mauvaises chairs où l'humeur de la suppuration croupit. » (p. 46). Il attribue cette altération à la résorption du produit de la suppuration, à l'infection des

---

[1] Dussaussoy. *Dissertations et observations sur la gangrène des hôpitaux, avec les moyens de la prévenir et de la combattre*, in 8°, Lyon, 1787.

humeurs, à l'extinction de l'action organique des chairs, et quelquefois à l'air infecté de miasmes putrides. Mais, malgré ces traits de ressemblance et cette conformité de causes, on ne voit pas clairement si Quesnay a eu connaissance de la pourriture d'hôpital et des ravages qu'elle fait sur les blessés. (Percy et Laurent)

L'enseignement de Dupuytren n'a guère été plus loin. « La pourriture d'hôpital est une lésion particulière, dont la définition est très difficile à donner. » ([1]). Celle-ci ne peut même consister que dans l'exposé de ses symptômes essentiels : c'est une espèce de grangrène humide, qui attaque les plaies, et principalement les plaies, qui résultent des coups de feu.— Elle règne le plus ordinairement d'une manière épidémique, sur les hommes rassemblés dans un lieu malsain ([2]), et principalement dans les hôpitaux, ... Néanmoins sous

---

([1]). *Traité théorique et pratique des blessures par armes de guerre*, rédigé d'après les leçons cliniques du Baron Dupuytren et publié sous sa direction par A. Paillard et Marx. Paris, 1834 ; II. 108.

([2]). La pourriture d'hôpital « des plaies était autrefois très fréquente dans les grands hôpitaux civils. Mais c'est pendant nos guerres (de la république et de l'empire), que nous l'avons vue se montrer avec autant de fréquence que d'intensité, écrivent Percy et Laurent. (pp. 4 et 5.)

le rapport des lieux, dans lesquels elle se développe, et le genre de plaies qu'elle affecte, elle présente de fréquentes variétés.....»

C est trop peu dire. . ; et la notion de la gangrène gazeuse est elle-même variable selon les auteurs, qui en ont écrit.

M. J. Toubert (1) pense qu'elle n'est connue que depuis les guerres du premier empire et il signale Dominique Larrey... « La septîcémie gangréneuse a été fréquente surtout pendant les guerres de Crimée (Salleron,) d'Italie, de 1870-71, sur les amputés et les blessés. Elle devient de plus en plus rare et tend à disparaître, du moins si l'on en croit les dernières guerres. » — Il faut bien en revenir

« Entasser le plus possible de soldats dans un espace à peu près couvert et *souvent malsain et malpropre*, était pour bien des gens, le comble de l'art de diriger l'ambulance d'une armée, et peu leur importait que ces asiles devinssent la terreur des blessés et le désespoir des chirurgiens ; leur cupidité était satisfaite. Mais le malheureux, qui y était entré pour une blessure légère ou pour une simple indisposition, voyait celle-ci se changer en une maladie grave, ou sa blessure en un horrible ulcère. Souvent, au moment où le blessé allait recueillir le fruit d'une opération grave et douloureuse, qu'il avait supportée avec courage, l'air infect de l'hôpital lui faisait perdre en un instant le fruit de sa longue résignation, et le réduisait quelquefois à un état pire que celui dont on l'avait tiré à force de soins, si même il ne succombait à ce surcroît de maux.» C'est Percy lui-même qui en témoigne.

(1) J. Toubert. *Précis de chirurgie d'armée.* Paris, 1900 ; p. 143.

de tant d'illusions ! La gangrène gazeuse finit, il est vrai, par être une septicémie ; mais elle ne commence pas comme cela. Elle est un processus localisé avant de devenir une infection de l'organisme entier. Elle commence par une blessure, qui, en temps de guerre, présente des conditions propices pour une inoculation de microbes pathogènes de nature à exalter leur virulence.

C'est tout ce qu'on en sait de mieux ; et c'est trop peu pour en tirer une définition.

Définir, c'est tracer des limites ; et, dans le cas particulier, ce serait méconnaître les formes insidieuses de la période de la localisation du fléau infectieux, qui n'est pas toujours le même.

Mieux vaut en démasquer les menaces les plus dissimulées, et y porter le remède curatif.

Plus tard on pourra se mettre d'accord sur les limites d'une définition...

Dans la conduite du traitement de *l'infection gangréneuse*, il y a des principes généraux : ils demeurent toujours irréductibles. On est forcé d'y revenir, alors même que d'heureuses innovations ont eu quelques succès, d'ailleurs incontestés, sans aucun souci de définir le fléau.

Pour la réalisation des principes, chacun s'inspire des circonstances de son milieu et des disponibilités de son entourage. Le succès n'est pas œuvre simplement scientifique. Il n'est accordé qu'à un ensemble de soins, où la valeur technique est complétée par la sollicitude, le tact, la persévérance et même par un véritable dévouement dans le personnel de second rang

Il n'est jamais facile de relever l'état défaillant des blessés atteints par l'infection gangréneuse ; car ils souffrent réellement et ils tombent vite dans un épuisement néfaste.

Dans les jours critiques, il ne faut pas craindre d'introduire le doigt, voire la main entière dans le foyer gangréneux, phagédénique. Sans doute, on court le risque d'absorber des toxines et on éprouve la nausée en même temps que l'adynamie ; mais l'exemple d'Ambroise Paré n'a pas été perdu pour les chirurgiens militaires de France !

C'est un risque de guerre: il a été accepté comme les autres, sans forfanterie et sans faiblesse, selon la tradition française.

Entre le passé et l'avenir.

«L'infection gangréneuse est, de beaucoup, la plus redoutable des complications des plaies de guerre », écrit M. L. Ombrédanne (Paris médical, 1915 ; p. 390, col. 1.).

Autant qu'un vétéran peut faire état de ses souvenirs de jeunesse, il semble que la gangrène gazeuse, pendant la guerre de 1870-1871, a sévi avec moins d'importance ; et que, pendant la grande guerre de 1914-1916, elle aura présenté des formes plus nombreuses et plus diversifiées.

« Aujourd'hui que la sérothérapie antitétanique, pratiquée chez tous les blessés à leur entrée à l'hôpital, a permis de supprimer entièrement les cas de tétanos, on peut dire que l'infection gangréneuse est la seule complication propre aux plaies de guerre ; c'est cette redoutable éventualité qui les rend si différentes des plaies observées en pratique civile et aggrave terriblement leur pronostic. (L. Ombrédanne ; p. 360 ; col. 1.)

» Elle est malheureusement d'observation

fréquente ; mais les chiffres exprimant cette fréquence doivent être examinés avec le plus grand soin, si l'on ne veut aboutir à des conclusions erronées.

» A Verdun, l'infection gangréneuse n'a fait son apparition que tardivement. Quelques cas isolés ont été observés au début de septembre 1914 : mais c'est seulement après six semaines de campagne, après la bataille de la Marne (6-10 septembre 1914), que les cas se multiplièrent. A ce moment, elle a sévi gravement; et elle a été observée par M.M L. Ombrédanne (de Paris), P.Michaux (de Paris), Bernal (de Nice), Noiré (de Paris), Garnier (d'Avignon) et aussi par MM. Drouet et Guédon, médecins auxiliaires.

» Le nombre, relativement cousidérable, des cas observés à l'Hôpital militaire de Verdun a d'abord une cause spéciale tenant à son mode de fonctionnement. Les blessés, qu'il a reçus, sont uniquement de grands blessés sélectionnés par l'Hôpital militaire d'évacuation et envoyés par lui. De plus, parce que l'Hôpital permanent disposa de locaux assez nombreux pour pouvoir isoler les blessés atteints d'infections gangréneuse dans un pavillon spécial, l'Hôpital d'évacuation, fort judicieusement du reste, adresse à l'hôpital militaire permanent toutes les gangrènes avérées qui passent par cette formation. C'est là une cause très spéciale d'exagération dans le pourcentage de gangrènes à Verdun.....

« En septembre, octobre, novembre et décembre 1914, l'Hôpital militaire permanent a isolé au *pavillon Ambroise Paré* 112 gangrènes gazeuses graves. — Autant de formes légères, d'érysipèles jaunes, de sphacèles, à points jaune-safran ont été soignés dans les salles communes du même Hôpital. » (p. 360 ; col. 2.) Mais M. L. Ombrédanne y insiste : ces chiffres, par rapport aux 1708 grands blessés, qui sont passés, soit 13, 5 %, sont dénués de valeur absolue par suite du mode de recrutement. Dans une entrée de janvier 1915, l'Hôpital d'évacuation a envoyé douze blessés, dont neuf avaient déjà des accidents d'infection gangréneuse déclarés..... : c'est une proportion de 75 % pour cette seule série !

A Calais aussi, on a pratiqué un sage isolement, dès qu'on a pu discerner la complication ; et ce n'est pas sans une amère déconvenue que la récidive de gangrène gazeuse a été plus d'une fois constatée, même, après un intervalle de plusieurs semaines.

Ce fut une déception encore plus pénible, quand cette redoutable infection est survenue, non plus après une blessure de guerre, mais bien après une opération chirurgiale, qui avait cependant été bien menée selon toutes les règles de la méthode antiseptique.

Pour le traitement, chacun s'est empressé ; mais il a fallu en rabattre d'une confiance poussée jusqu'à l'engouement pour les remèdes soi-disant nouveaux, présentés comme de véritables panacées. L'enfumage iodée et les injections, lavages et autres ablutions à l'eau oxygénée continuent à trouver leurs indications auprès d'un grand nombre de blessés ; mais ces moyens ne guérissant aucun cas avéré de la gangrène gazeuse diffuse d'emblée... Après l'enfumage iodé, on voit l'infection se propager, par les couches profondes des parties molles, au-dessous de la carapace médicamenteuse devenue escharotique..... Les profusions d'eau oxygénée ralentissent à peine l'évolution du processus infectieux suraigu. Les injections sous-cutanées autour et à distance du foyer sont certainement efficaces ; mais il faut les réitérer ; et il n'est pas toujours facile d'en discerner hâtivement les indications chez des blessés, qui souffrent, sont fatigués et redoutent toute douleur nouvelle, même celle d'une piqûre. Les injections d'oxygène gazeux ne valent certainement pas mieux que celles d'eau oxygénée ;.... on a même contesté leur innocuité.

Il est devenu certain qu'il n'y a pas lieu de supplanter les moyens de valeur fondamentale pour le traitement de la gangrène gazeuse. Ces moyens subsistent avec leur efficacité traditionelle.

1⁰ l'amputation hâtive et à bonne distance;

2⁰ la cautérisation ignée ;

3⁰ les débridements nombreux, larges, hâtifs

4° les aliments réconfortants et les soins de chaleur périphérique de tout l'organisme.

Pour prévenir les mécomptes, il faut savoir maintenir la valeur principale de ces moyens et consentir à reléguer en un rang secondaire les formules antiseptiques et les matières particulières des pansements, dont l'utilité n'est d'ailleurs point contestable.

Dans la pratique, il y a une diversité de faits cliniques, à laquelle il convient d'opposer une variété suffisante dans les procédés thérapeutiques. Chacun s'y est employé au mieux.

En France, la gangrène gazeuse a été très meurtrière ; mais on a guéri au moins la moitié des amputés, dont quatre prisonniers de guerre, de nationalité allemande, tous quatre amputés de la cuisse, à l'hôpital militaire permanent de Calais. Dans le même établissement, une autre guérison a été obtenue par la paquelinisation pénétrante d'un foyer de gangrène gazeuse de la fesse, autour d'une plaie par éclat d'obus et il y en a eu d'autres.

En Allemagne, on le sait par les prisonniers rapatriés, plusieurs services ont vu périr tous les blessés atteints de gangrène gazeuse, tous, même les amputés de la cuisse.

Après les guerres de leur époque, Percy et Laurent écrivent : — « La nature des blessures faites par les armes à feu les rend bien plus susceptibles de la pourriture d'hôpital, que celles faites par les traits, les lances et les épées, à raison de la stupeur plus ou moins grande qui accompagne presque toujours ces premières, et qui laisse après elle une faiblesse locale qui lui est proportionnée ; circonstance que Quesnay a fort bien indiquée.

» La pourriture d'hôpital, ainsi que son nom l'indique ([1]) semble n'avoir fixé l'attention des chirurgiens que lorsque les armées ont commencé à avoir des hôpitaux réglés, dans lesquels les blessés ont été rassemblés, presque toujours en grand nombre, surtout après les batailles et durant les sièges, au lieu d'être, comme autrefois, dispersés dans les camps, dans les villes ou les villages, et répartis dans les maisons des habitants, aux soins desquels ils étaient le plus souvent confiés sans qu'ils s'en trouvassent plus mal. » (*Dict. en 60* XLV ; 4.)

Ambroise Paré exerçait au temps où les bandes ou compagnies commençaient à avoir leurs infirmeries, Malgré ce soin, alors nouveau, il a gémi des ravages, que l'infection gangréneuse exerçait parmi les blessés, parti-

---

([1]) C'est une erreur, qui est réfutée par Percy et Laurent eux-mêmes. — La dénomination est attribuée à Dussausoy de Lyon, en 1787. — La notion du fait paraît remonter à Hippocrate; mais le texte est assez peu précis : *Si æstas pluviosa fuerit phagedenas adedentes ex omni occasione aboriri, verisimile est si ulcus fiat.* (*De aeribus, locis et aquis.*)

J. Chauvel n'a aucun doute : les chirurgiens de l'antiquité ont connu la pourriture d'hôpital : ils l'ont désignée sous les noms d'ulcère putride, d'ulcère sordide. (*Dict. encyclopédique des sc. méd.* Paris, 1886-1887. 2e série ; XXVII ; 350) Et il énumère Galien, Paul d'Egine, Avicenne, Guy de Chauliac, Lanfranc, A. Paré, Fabrice de Hilden, etc.

culièrement au siège de Rouen en 1562 (Ch xxxi *des playes par harquebuses*). Les chirurgiens ne pouvaîent venir à bout de ces complications « de sorte que ceux qui étaient dedans la ville, voyant telles choses, et que leurs blessures ne se pouvoient guarir, disoient que ceux de dehors avoient empoisonné leurs balles ; et ceux de dehors en disoient autant de ceux de dedans » Aussi le roi Charles IX, au retour du siège, fit-il appeler Ambroise Paré pour savoir de lui quelle était la cause de cette grande mortalité. (1) — En effet, Ambroise Paré a répondu par un rapport, qui n'a pas moins de douze pages à deux colonnes dans l'édition de Malgaigne. (2)

Dans cet important rapport, il commence par établir les causes inhérentes au milieu, où les soldats ont été blessés, puis les causes, qui les mettaient en état de réceptivité, autant qu'on pouvait le savoir de son temps. « Ce

(1) Percy et Laurent, art. pourriture d'hôpital du *Dictionnaire des sciences médicales en 60 vol.* ; Paris, 1820 ; t. XLV ; p 4.

(2) Autre discours sur ce qu'il pleust un iour au Roy défunt me demander touchant le fait des harquebusades, et autres bastons à feu, lors du retour et prise de la ville de Rouan. (*Œuvres complètes d'Ambroise Paré,* Paris, 1840 ; t. II pp. 131 à 142.)

point arresté, dit-il, c'est chose plus que véritable que la charnure de nos corps ne peut avoir esté que mal disposée, et tous nos corps cacochymes, puis que leur nourriture, qui est le sang, estoit putréfiée (¹) et l'air tout corrompu (²): — dont (il) s'ensuit que les corps navrés (blessés) en leur substance charneuse

---

(¹) « On a tiré ceste année bien peu de sang, écrit Ambroise Paré [pp. 140, 141], en quelques personnes, qui en aient eu besoin, soit ieune ou vieille, blessée ou non blessée, de bonne température ou de mauvaise, qui [le sang] n'ait été vicié et veu de couleur blanche et verdoyante : ce que i'ay toujours observé en ces dernières guerres, et és autres lieux ausquels on m'appeloit pour guérir les blessés, ou (pour) phlébotomer ceux qui, tant pour guérison que pour quelque maladie, se faisaient tirer du sang par l'ordonnance des médecins, en tous lesquels indifféremment *ie trouvois le sang putréfiée et corrompu.* » — Actuellement, on ne tient plus compte de la putrescibilité du sang au cours des maladies à évolution rapide,

(²) «.... Considéré.. . qu'il est nécessaire, pour conserver nos corps en leur entier, que les saisons se suivent pas à pas en leur température naturelle, sans aucun excès ou contrariété, il n'y a doute aucun que les corps ne tombent en affection contre nature, lorsque les saisons pervertissent leurs qualités par la *mauvaise disposition de l'air*, et du vent qui domine en iceluy. — Donc, comme ainsi soit que, depuis trois ans en ça, les saisons de chaque année n'ayant gardé leurs qualités ordinaires, et que l'esté ait eu peu de chaleur, l'hyver peu ou point de froidure : aussi qu'en toutes les saisons se soient desbordées des humidités continuelles avec un vent austral du naturel cy-dessus déclaré, et ce par toute la France : — ie ne sçache homme si peu versé en la Philosophie naturelle, ny en Astrologie, qui ne recherche en l'air la cause efficiente de tant de maux, qui depuis l'espace desdits trois ans sont survenus au Royaume de France,

estoient dificiles à guérir, considéré qu'il y avoit en iceux perdition de substance, laquelle, ayant besoin de régénération de chair, n'en pouvoit venir à bout, fust (fût-ce) par médicamens ou par artifice de chirurgien, tant grande estoit sa cacochymie. — Tout ainsi qu'en un hydropique la chair ne se peut engendrer, pource que le sang y est trop froid et aqueux ; et qu'en un éléphantique (éléphantiasique), la chair et les autres parties du corps demeurant en leur putréfaction, à cause du sang corrompu, dont elles sont nourries ; — pareillement en playes des corps cacochymes, (il) ne se peut faire acquisition nouvelle, ni régénération de bonne substance : pour ce

---

» Car d'où procéderoient tant de pestes contagieuses, indifféremment advenues aux vieux, aux ieunes, aux pauvres et aux riches, et en tant de divers lieux,... sinon *de l'air,* qui n'a esté chiche de son *poison*, mais nous en a *infectés* à son plaisir ?

» D'où seroient venues tant de coqueluches, de pleurésies, d'apostemes, catharres, fluxions, petites vérolles et galles,. . sinon *d'une trop grande pourriture*, que l'excedante humidité de l'air, accompagnée d'une chaleur languide, a engendrée, *tant en nous qu'en la terre universelle de notre province ?*

» Voilà comme nostre chaleur naturelle a esté affaiblie, comme nostre sang et nos humeurs ont esté corrompus par la malignité de l'air, que le vent austral a causé par son humidité chaleureuse. »(Ambroise Paré tom II p. 140 (col. 1 et 2.)

que, pour rendre une chair louable à la partie navrée, il est nécessaire que le sang ne pèche (ni) en quantité (ni) en qualité :- mesme que la partie offensée soit en sa température naturelle.

« Toutes lesquelles choses (étant) défaillantes au temps des dernières guerres, il ne faut esbahir si les navreuses (blessures), : tant fussent elles petites et de peu de conséquence, mêmes ès parties non nobles et principales, ont amené quant-et-soy tant d'accidens fascheux et en fin la mort, — considéré que l'air qui nous environne vend par son inspiration et transpiration les plaies pourries et puantes [1], lorsqu'il est altéré et pourri ; ce que font aussi les humeurs préparées à cest inconvénient par leur cacochymie. » — Ambroise Paré a donc présenté au roi Charles IX l'explication accréditée de son temps pour répondre aux causes physiques, alors connues, de l'infection gangréneuse des blessés de guerre.

(1.) Quand Dussaussoy a introduit (1787) l'expression *Pourriture d'hôpital* il avait où trouver le verbe qui exprime la répugnance.

Il est évident qu'Ambroise Paré a connu la *fétidité de l'infection gangréneuse* des blessés de guerre, non seulement après le siège de Rouen, mais aussi après la bataille de Saint-Quentin, et en d'autres circonstances.

Cependant, pour ce sagace clinicien, le fait lui-même, dans sa réalité objective, importait bien davantage ; et il y revient, avant de redresser les amputations déplaisantes d'un état d'opinion alors égaré.

« Nous sommes devenus sages, dit Ambroise Paré, par l'expérience de tant de playes, qui ont engendré une mer de pourriture et d'infection [1], lors que ie m'efforçois à les guérir : vous asseurant qu'il en sortoit une puanteur telle, que les assistans ne la pouvoient sentir qu'à contre-cœur et avec bien grande difficulté [2].

« Il ne faut alléguer que ce fust par faute de les tenir nettement, [3] de les penser souvent,

---

(1) L'expression tragique du chirurgien militaire répond à la réalité d'une situation *d'encombrement*, où les blessés étaient si nombreux qu'on n'avait pas toujours le temps matériellement nécessaire pour renouveler chaque jour tous les pansements.

Par l'expérience du fléau, on arrivait à savoir la vérité sur la complication *infectieuse*, tandis que d'autres en dissertaient sans compétence et sans sagesse,

(2) Ceux qui ont pratiqué dans un pareil milieu connaissent la valeur nauséeuse de la félidité de la gangrène gazeuse.

Ils ont en outre senti la dépression générale que détermine cette atmosphère; et ils ont éprouvé la nécessité de se soutenir par l'usage du café pendant les jours difficiles.

(3) Ambroise Paré prendla défense de son personnel ; il a donc été bien secondé.

ne de leur administrer toutes choses nécessaires : car telle pourriture estoit commune aux Princes, aux grands seigneurs et aux pauvres soldats ; aux playes desquels (si d'aventure on laissoit couler un iour sans les penser, tant estoit grande la multitude) on trouvait le lendemain une grande quantité de vers [1] avec une puanteur merveilleuse. »

Ambroise Paré a vu les abcès secondaires de l'infection gangréneuse [2], même ceux des viscères ; il a été témoin de la fièvre, de l'agitation, du délire des formes graves, diffuses et mortelles [3] ; mais il le rapporte dans le lan-

[1]. A Calais, cela ne s'est rencontré qu'un petit nombre de fois. C'était chez des Allemands, abandonnés par les leurs, trouvés tardivement sur le champ de bataille et retenus comme prisonniers de guerre. Percy a prétendu (XLV, 6.) qu'il n'y a jamais de vers ..

[2]. « Qui plus est, leur survenoient à tous plusieurs apostèmes en divers lieux de leurs corps, ès parties opposites à leurs navreures : car s'ils estoient blessés en l'espaule dextre, l'apostème se faisoit au genoüil senestre ; et si la playe estoit en la jambe dextre, l'aposteme se faisoit au bras senestre : comme il advint au feu Roy de Navarre, à Monsieur de Nevers et à Monsieur de Randan et presque à tous les autres. Ainsi (la) nature sembloit tant chargée d'humeurs vicieux, qu'elle n'estoit contente se purger par leurs seules playes, ains envoioit une portion de son vice en autre lieu apparent ou caché ; car si les apostèmes ne se manifestoient par dehors, on les trouvoit ès parties internes, comme au foye, aux poulmons, ou en la ratte. » (pp. 141, 142.)

[3]. « Des mesmes putréfactions s'eslevoient quelques vapeurs, qui par leur communication avec le cœur causoient fièvres continues ; avec le foye empeschoient la pure géné-

gage médical de son temps, qui écrase le fait vrai sous un amas de vaines interprétations... « A cause desquels accidens, dit-il ensuite. (il) n'a esté possible à Chirurgien aucun (tant expert fut-il) de dompter la malignité des dites playes ; — de quoy toutesfois ne doivent estre repris ceux qui s'y sont employés, pour ce qu'il n'est possible de combattre contre Dieu, ny contre l'air, auquel sont cachés les verges de sa divine iustice. [1].

» Si donc, suivant la sentence de l'ancien et divin Hippocrates, qui dit toute playe contuse devoir estre conduite à la suppuration pour estre parfaitement guérie, nous nous sommes efforcé de ce faire ; — et toutesfois n'en sommes venus à bout, à cause des *pourri-*

---

ration du sang ; et avec le cerveau causoient aliénation d'esprit, resverie, convulsion et conséquemment la mort » (p. 142).

[1]. Par ces arguments, Ambroise Paré fait profession de la foi catholique.

En effet, dans la liturgie romaine, l'une des principales invocations porte : *A peste, fame, et bello libera nos, Domine...* Une maladie infectieuse épidémique est, au même titre qu'une guerre ou une famine, une des verges de la justice de Dieu. Les hommes peuvent atténuer les marques de ces châtiments ; mais il leur est impossible de combattre contre Dieu et de supprimer une maladie infectieuse épidémique, comme est la gangrène gazeuse.

Ambroise Paré ne se borne pas à le faire entendre discrètement dans son rapport au Roi Charles IX ; il y insiste.

tures, *gangrênes* et *mortifications* [1], qui s'y sont mises par le moyen de l'air vicié : qui est-ce qui iustement nous en accusera ? » — Ambroise Paré prend donc hardiment la défense des chirurgiens devant le Roi, de qui il était le « conseiller » en même temps que le premier chirurgien. Il a l'audace de lancer un défi, avant de dire tous les efforts accomplis pour combattre le fléau.

« Considéré aussi, ajoute Ambroise Paré, que la nécessité nous a contraints (de) changer nostre façon de faire ; et, au lieu de médicaments suppuratifs, (d') user d'autres remèdes pour entièrement combattre les accidens survenus, non seulement aux coups d'harquebuses, mais aussi d'espées et autres bastons à main, — lesquels nouveaux remèdes se pourront voir en la lecture de ce présent Traîté. [2]

» Outre les causes humaines, l'homme est mal instruit en la connoissance des choses

---

[1]. La juxtaposition de ces trois mots semble bien indiquer les trois phases successives de l'infection gangréneuse, quand elle aboutit à l'amputation spontanée d'un membre. La notion est donc complète Et on doit reconnaître que le fléau combattu par Ambroise Paré au XVIe siècle est bien le même qui sévit au XXe.

[2] Le neufième livre traitant des playes faites par harquebuses et autres bastons à feu, flèches, dards, et des accidens d'icelles.

célestes, qui ne tient pas pour tout certain l'ire de Dieu se débander sur nous pour punir les fautes qu'ordinairement nous commettons contre sa maiesté. (1).

» Ses fléaux ont esté prests. ses verges et ses armes ont eu leurs ministres tousiours appareillés pour exécuter les commandements de sa divine iustice : — aux secrets de laquelle ne pouvant entrer plus avant, j'aime mieux me contenir en une simplicité que passer plus

---

Ce livre, le premier qu'Ambroise Paré ait fait paraître, et celui qui d'abord a fait sa réputation, a eu trois éditions avant de passer dans les *Œuvres complètes*. 1545, 1552, 1564 (J. F. Malgaigne).

(1) Les deux premières propositions, que condamne le *Syllabus*, sont les suivantes.

« I. Il n'existe aucun Etre divin, suprême, parfait dans sa sagesse et sa providence, qui soit distinct de l'universalité des choses et par conséquent assujetti aux changements ; Dieu, par cela même, se fait dans l'homme et dans le monde ; tous les êtres sont Dieu et ont la propre substance de Dieu. Dieu est ainsi une seule et même chose avec le monde, et conséquemment l'esprit avec la matière, la nécessité avec la liberté, le vrai avec le faux, le bien avec le mal, et le juste avec l'injuste. (Alloc. *Maxima quidem* du 9 juin 1862.)

» II. On doit nier toute action de Dieu sur les hommes et sur le monde. (Alloc. *Maxima quidem* du 9 juin 1862.)

La dix-huitième proposition condamnée précise l'erreur en ces termes : — « XVIII. Le protestantisme n'est pas autre chose qu'une forme diverse de la même vraie religion chrétienne, forme dans laquelle on peut être agréable à Dieu aussi bien que dans l'Eglise catholique. (Encycl. *Noscitis et nobiscum* du 8 décembre 1849.)

oultre, et conclure avec les mieux advisés [1], l'occasion principale des morts procéder de la pure et simple volonté de Dieu, qui, par la température que son bon plaisir a donné à l'air et aux vents, héraux de sa divine iustice, nous a rendus aptes à recevoir les inconvéniens, lesquels nous avons encourus par nostre iniquité. » (II ; p. 142 ; col. 2.)

Percy était mal qualifié pour reproduire tout ce texte d'Ambroise Paré : car il avait fait toute sa carrière parmi les révolutionnaires, qui occupaient toutes les fonctions du pouvoir. Ce lui était un mérite d'oser faire état d'une des grandes figures de l'ancien régime ; mais, au rapport de Bégin [2], telle était son indépendance, qu'il était le protecteur et en quelque sorte le père de tous les chirurgiens militaires, rassemblés sous ses ordres.

Mais cette considération ne peut suffire

(1.) Ce qui est ainsi présenté en conclusion est manifestement la pensée maîtresse d'Ambroise Paré. Dans le rapport, que le Roi lui a demandé, il s'engage tout seul, puisqu'il provoque la contradiction par un défi ; il déblaie le terrain de l'argumention, en faisant successivement la part de chacune des causes secondes. Sa conclusion porte d'autant plus fortement. Sa déclaration sur la cause première n'engage que lui : il en fait une profession de sa foi religieuse, en même temps qu'un acte de loyal conseiller du Roi.

(2) *Dict. des sc. méd.* Biographie médicale ; Paris, 1824 ; tome VI ; page 390.

pour modifier l'histoire vraie ; et le texte d'Ambroise Paré demeure acquis tel qu'il est. L'occasion de le sortir de l'oubli est très naturelle ; car il s'agit incontestablement de gangrène gazeuse, comme l'a compris Percy.

J. Chauvel l'a remarqué [1], les guerres de la Révolution et du premier Empire, en multipliant les blessés, en amenant l'encombrement des hôpitaux, furent causes du développement épidémique de la gangrène nosocomiale. A Montpellier, à Paris, les dissertations inaugurales de Guéniard, Soubiranne, Marin, Moreau, Buget, Jagou et autres, témoignent de la présence de cette complication des plaies dans les hôpitaux de France. Il en a été de même en Angleterre et en Allemagne : Wolf, Leslie, Johnston et autres, en ont écrit. En 1813, à la suite des armées anglaises, une épidémie « terrible » a commencé en Espagne et s'est continuée en France : elle est connue par les travaux de Hennen, Blakkader, Guthrie et surtout Delpech [2]. Au rapport de Guthrie,

---

(1) J. Chauvel, art. Pourriture d'hôpital. *Dict. encyclopédique des sc. méd.* Paris, 1886 ; p. 350.

(2). prof. Delpech. *Mémoire* sur la complication des plaies et des ulcères 1815 ; et *Clinique chir. de Montpellier ;* Paris, 1823 ; I, 78.

elle a donné en six mois (du 21 juin au 24 décembre 1813) 1614 cas, dont 512 mortels, dans les lazarets de l'Armée Anglaise. Les luttes sanglantes de 1814 et 1815 ont accumulé un nombre considérable de blessés dans les hôpitaux de Paris : la pourriture d'hôpital y a éclaté et y a fait de grands ravages. Il en a été de même après Waterloo, dans toute la Belgique, surtout dans les ambulances de Bruxelles et d'Anvers.

Après ces évènements, (en temps de paix), on ne rencontre la pourriture d'hôpital que sous des formes légères, peu meurtrières ; elle est endémique [1] plus qu'épidémique, remarque J. Chauvel (p. 350.)

---

(1). « C'est dans les salles basses, humides, mal ouvertes à l'air et à la lumière, occupées depuis longtemps, encombrées, et surtout dans les coins de ces salles, écrit Percy, que la pourriture d'hôpital fait les plus grands ravages. Le voisinage des fiévreux et surtout le mélange de ceux-ci avec les blessés la déterminent aussi. — C'est une chose remarquable, dit Hunezosky dans ses *Observations*, que les maladies chirurgicales, placées à la Charité de Paris dans le voisinage des fièvres putrides, ne guérissent que lentement. Il survient souvent des symptômes qu'il est impossible de prévenir et qui résistent à toutes sortes de traitements. La gangrène s'empare des plaies les plus simples. Les ulcères deviennent malins ; et les maladies externes, qui ne demandaient que peu de temps pour guérir, prennent un mauvais caractère. — Cet inconvénient a presque entière-

Ollivier publie en 1822 son *Traité expérimental du typhus traumatique* (1). — En 1845, le fléau sévit à Lucknow dans les Indes. — En 1847 parait le mémoire d'A. Robert (2),

ment cessé, ajoute Percy, depuis que, dans ces établissements, on a fait des changements dans la disposition des salles et des lits.

» La pourriture d'hôpital régnait presque constamment dans ce qu'on appelait le rang noir de la grande salle des blessés de l'Hôtel-Dieu, dans le temps, où les lits y étaient tellement rapprochés et entourés de rideaux que l'air n'y pouvait pas circuler. Si elle s'y montre encore aujourd'hui, c'est probablement à l'humidité causée par le voisinage de la rivière, (bras gauche de la Seine), qu'il faut l'attribuer.

» Quand, sous l'influence des lieux et de l'atmosphère, la pourriture s'engendre dans un hôpital, il est rare qu'elle n'attaque pas le plus grand nombre des blessés ; et nous avons remarqué, ajoute Percy, que, sur cent de ces derniers, quatre-vingt-quinze avaient été successivement atteints de cette maladie à un degré plus ou moins fort, quelles que fussent d'ailleurs la nature et la vigueur de leur constitution, la gravité ou la légèreté de leurs blessures. » (*Dict. en 60.* XLV ; 5.).... En 1814, Percy fut chargé à Paris du service des soldats Russes, Prussiens et autres blessés du 31 mars ; il les rassembla dans les abattoirs ; et tous les secours de l'art leur furentprodigués, dit Bégin, avec un zèle qui honore le chirurgien en chef et la France entière. [*Biographie médicale.* Paris, 1824 ; VI. 390.]

(1) Ollivier donne, vingt ans plus tard, l'article : pourriture d'hôpital du *Dict. en 30 vol.* Paris ; 1842 ; tome XXVI.

[2] A. Robert. *Bulletin gén. de Thérapeutique.* Paris, 1847 ; t. XXIII ; p. 26.

En 1851, Pitha comparaît la pourriture d'hôpital à une espèce de *choléra des plaies.*

Mais en 1860, Boussuge a repris l'idée d'une *diphtérie des plaies.* En 1863 ce fut Demme et, en 1874, ce fut Heine, qui firent de même en attendant les précisions de la microbiologie.

qui fait de cette complication une *diphtérite* polymorphe ; car il distingue des formes simples, ulcéreuses, ou gangréneuses. — De 1848 à 1850, on l'observe dans les hôpitaux d'Alexandrie (Italie).

La guerre de Crimée (1854-1855) fait éclater la gangrène gazeuse dans toute sa violence. A Constantinople elle décime les blessés. Legouest, Salleron, Marmy, Quesnay, Maupin, Bonnard ont décrit cette meurtrière épidémie, qui suit les blessés de la guerre depuis Sébastopol jusqu'en France : elle n'épargne pas les hôpitaux du Midi ; et elle a un écho dans les thèses de Quinemant, Rendu, Saurel, Lariche, Ferru et autres à Montpellier ; Bourot à Strasbourg ; Plomb, Lalleur, Ménard à Paris — Pendant la guerre d'Italie (1859), cette complication est moins fréquente et moins grave. — Il en a été de même en 1864 pendant la campagne de Sleswig-Holsten.

Pendant la campagne de Sadowa de 1866, la pourriture d'hôpital fut plus commune dans les lazarets de réserve que dans les ambulances austro-allemandes ; elle y sévit en même temps que le choléra et la scarlatine.

Au cours de la guerre de Sécession, les troupes de l'Union des Etats-Unis de l'Amérique du Nord en souffrent surtout au début de la campagne.

La guerre franco-allemande de 1870-1871 a donné une épidémie beaucoup plus sérieuse. Tandis que les hôpitaux de réserve allemands de Mannhein, Darmstadt, Carlsruhe, Berlin, etc. ne présentent que des cas peu fréquents, la maladie éclate, terrible, épouvantable, dans les hôpitaux de Metz, de Strasbourg, de Paris. Après Sedan, elle fait de nombreuses victimes. Orléans, Lyon la voient se produire ; et, pendant la Commune, elle décime les malheureux blessés accumulés à Versailles. Tous les chirurgiens, qui se sont occupés des plaies de guerre à cette époque néfaste, insistent sur la gravité de la pourriture d'hôpital, remarque J. Chauvel (p. 351). Socin, Eberth, Pirogoff, Esmarch, Neudörfen, Fischer en Allemagne, en ont donné des descriptions ; mais ils n'ont tenu compte que de la gangrène gazeuse avérée. C'était le temps où les formes localisées étaient tenues pour contestables ; les faits de ce genre étaient vus sommairement et non classés : on ne savait pas encore que l'infection gangréneuse peut passer d'une forme bénigne à une forme grave en peu d'heures.

De 1872 à 1874 une épidémie sévit à l'hôpital de Munich : Nussbaum l'observe et en publie le résumé en 1875. (*Arch. fur. Klin. chir.*, XVIII, 706.)

En France, Wolff reproduit fidèlement les doctrines allemandes dans sa thèse de 1875 ; et P. Berger écrit l'état de la question pour la *Revue des sciences médicales.* (VI. 613.) — En 1884, M. le médecin principal Sockeel observe sur des Marocains revenus du Haut-Sénégal, une épidémie, qui est demeurée confinée à Oran [1] — En 1886, J. Rochard, Maurice Jeannel et Félix Terrier écrivent d'excellentes revues, mais avant la découverte du microbe pathogène.

M. le méd. major de 1re cl. Emile Dutertre (de Boulogne-sur-mer) a donné des renseignements précieux et qui ne seront pas contestés sur ce qui s'est passé de l'autre côté du front en 1914-1915 ....

Il a été, pendant neuf mois, prisonnier de guerre dans la citadelle de Mayence et au camp de Friedberg, en Hesse. C'est en violation de

[1.] Sockeel. *Archives de médecine militaire.* Paris, 1886. VIII, 121.

la Convention internationale de Genève, qu'il a subi cette villégiature forcée. Ses loisirs, trop nombreux à son gré, ont été employés à traduire des articles de journaux médicaux de langue allemande. Grâce au nombre immense de blessés, qu'ils ont eus à soigner, les chirurgiens austro-allemands ont fait de nombreuses observations. M. Em. Dutertre en a utilement fait connaître les résultats en France dès septembre 1915, dans un travail méthodique, intitulé : *la gangrène gazeuse en Allemagne.* (68 pages in 8°).

« La gangrène gazeuse est la maladie infectieuse des plaies la plus redoutée à la guerre, a dit W. Armknecht, de Worms (contribution à la nature et au traitement de la gangrène gazeuse. *Munchener medizinische Wochenschrift*, n° 13. p. 453.)

« Parmi les complications des blessures que l'on observe sur le champ de bataille, une des plus importantes est la gangrène gazeuse, complication grave par son caractère malin et par sa tendance à un rapide envahissement, écrit Seefish. (La gangrène gazeuse en campagne. *Deutsch medizinische Wochenschrift*; 1915; n° 9.)

« Madelung, prof. à Strasbourg, ajoute que

l'apparition de la gangrène gazeuse, cette complication des plaies, est particulière à la guerre actuelle. Les médecins des ennemis de l'Allemagne s'en sont occupés d'aussi bonne heure et aussi sérieusement que nous Allemands..... » (La lourdeur du témoignage répond de son authenticité.)

« Eug. Fraenkel de Berlin (sur la gangrène gazeuse *Munchener m. w.* 1914 ; n° 45 ; et *Deutsch m. w.* 1915 ; n° 3 ; p. 66) et Payr, de Leipzig (Sur la gangrène gazeuse à la guerre ; *Munchener m. w.* 1915 ; n° 2 ; et *Deutsch m. w.* 1915 ; n° 3) reconnaissent, chacun de son côté, la rareté de la gangrène gazeuse en temps de paix et sa fréquence dans la guerre de 1914-1916, surtout dans les blessures par éclats d'obus. Cette complication, dit Payr, non seulement menace la partie atteinte, mais elle met encore la vie en grand danger.

« Seefish (La gangrène gazeuse en campagne. *Deutsch medizinal wochenschrift* ; 1915 ; n° 9) a observé des cas de gangrène gazeuse, surtout pendant les combats en Belgique, sur la Sambre.... et en France pendant les batailles de l'Aisne. » (Em. Dutertre ; pp. 5 et 6)

Au commencement de septembre 1914, M. le médecin-major Em. Dutertre était encore médecin-chef de la Place et de l'Hôpital militaire de Douai. En cette qualité il reçut un réserviste allemand qui n'avait pas sur sa fiche le diagnostic : *gasphlegmone*, gangrène gazeuse. Ce soldat avait reçu quatre balles, deux dans le bras droit, une dans la poitrine et une dans la jambe droite ; il était originaire du Haut-Palatinat et parlait un patois allemand, *plattdeutsch*, fort difficile à comprendre : son voisin de lit, un alsacien, ne pouvait pas le comprendre la plupart du temps. Au bout de deux ou trois jours de séjour à l'hôpital, M. Em. Dutertre, en le pansant, constata qu'il y avait de la crépitation gazeuse à la jambe droite, et qu'en même temps, la plaie y prenait une coloration plus brune : c'était la gangrène gazeuse qui commençait ! (p. 37.) M. Em. Dutertre demanda au médecin allemand d'intervenir immédiatement ; mais ce dernier, spécialiste pour les oreilles (*sic*), fit abus de son autorité militaire ; et, avec la suffisance que donne l'orgueil à un pangermaniste, il répondit au judicieux médecin français d'attendre au lendemain, ne voyant pas, disait-il, la nécessité d'amputer de suite. Le lendemain, la jambe et la cuisse étaient d'un brun noirâtre et froides. M. Em. Dutertre amputa la cuisse. Les phénomènes généraux s'améliorèrent un jour ; puis, ils s'aggravèrent de nouveau ; une pneumonie du côté droit fut accompagnée d'agitation et de délire et l'opéré mourut. (p. 38.)

Dès qu'il eût constaté la gangrène gazeuse chez ce blessé, M. Em. Dutertre l'avait fait transporter dans une chambre isolée pour contagieux. Cette précaution n'empêcha pas un de ses voisins de lit d'être atteint à son tour de gangrène gazeuse à la suite d'une plaie par balle dans la cuisse du côté droit. Amputé aussitôt par le procédé linéaire, ce soldat allemand fut transporté à l'ambulance de M. Riff ; et, huit jours plus tard, il subit une deuxième amputation pour lui constituer un moignon. Quelques jours après cette deuxième amputation, il survint « un début de pourriture d'hôpital » ; des ulcérations étaient survenues au niveau des points de suture : elles furent incisées et cautérisées ; et l'opéré a pu être évacué, en novembre 1914, vers Heidelberg, où M. Dutertre suppose qu'il a pu achever de se guérir. (p. 38.)

Le même chirurgien français, passant dans une salle de blessés allemands, vit faire le pansement d'un troisième allemand atteint de la même complication infectieuse. Ce soldat avait une plaie de la hanche par éclat d'obus : atteint de gangrène gazeuse de la fesse et du bas-ventre, il a été délaissé, sans que les chirurgiens allemands tentassent aucune intervention chirurgicale, ni débridement, ni cautérisation ignée ; et l'infortuné succomba rapidement. (p. 38.)

M. Em. Dutertre sait qu'il y a eu d'autres cas de gangrène gazeuse chez les blessés allemands, tant à l'hôpital de Douai qu'au lycée de Douai ; mais il ne les a pas vus.

Chez les soldats français, il n'a eu aucun cas de gangrène gazeuse diffuse d'emblée. Un seul blessé français, ramené par Mlle Maffre, lui arriva un jour, portant une étiquette allemande, fiche de diagnostic, avec le mot : *gasbrand*. M. Em. Dutertre le fit isoler aussitôt ; et il pratiqua lui-même les pansements. Ce français était atteint, non de gangrène gazeuse diffuse d'emblée, mais d'une forme localisée de l'infection (p. 39-40.) On en trouvera plus loin la curieuse observation.

C'est le 1er novembre 1914 que M. Em. Dutertre fut, (comme tant d'autres,) victime des violations de la convention de Genève. Sans aucun droit, sans même un prétexte, il fût assimilé aux prisonniers de guerre et injustement interné. Pendant les neuf mois de sa captivité, il a traduit les documents techniques livrés à la publicité par les chirurgiens allemands eux-mêmes. Ils ne peuvent donc pas être contestés.

« Pour Sudech de Hambourg, le pronostic de la gangrène gazeuse est mauvais ; car la mortalité est de 80 à 85 pour 100. (*Société médicale de Hambourg*. Séance du 20 octobre 1914.)

» Pour Seefish, il est très mauvais, *pessimitische* ;..... mais, pour lui, si, en temps de paix, on perd 75 pour 100 de malades, en temps de guerre, la proportion paraît moindre ; car on peut intervenir plus à temps. Seefish, par exemple, sur douze blessés atteints gravement de cette complication, n'en a pas perdu un seul. Cependant, il reconnaît que, si le pronostic *quoad vitam* est meilleur, le pronostic *quoad functionem* est désastreux : la plupart du temps on est obligé de procéder à l'amputation d'une extrémité entière ou d'une grande partie de cette extrémité. (La gangrène gazeuse en campagne, *Deutsche medizinische wochenschrift*, 1915 ; n° 9.)

» Pour Schlœssmann, le pronostic est toujours très sérieux. La plupart du temps, il est même fatal : plus la gangrène gazeuse se rapproche du tronc, plus elle progresse rapidement, plus elle est grave ; elle est surtout maligne quand elle envahit les muscles profonds de la cuisse et de la fesse. (Sur le phlegmon gazeux et la gangrène gazeuse *Munchener medizinische wochenschrift*, 1914 ; n° 44. Soirs médicaux des médecins militaires de Tubingen, 6 octobre 1914.)

» Fraenkel, de Berlin, est un peu plus optimiste. Pour lui, le pronostic, toujours sérieux, n'est pas absolument fatal. Quand on apprécie tous les cas réunis, on peut, dans un quart à peu près, par les incisions étendues, par l'injection d'oxygène dans les tissus, par le tamponnement des blessures avec des tampons imbibés d'eau oxygénée, arriver à sauver les membres atteints. Dans un autre quart, par l'amputation du membre, on peut sauver au moins la vie. Mais, si la gangrène gazeuse a envahi le cou ou le thorax, la chirurgie devient impuissante. (Sur la gangrène gazeuse.

Munchener medizinische wochenschrift, 1914 ; nº 45 ; et De l'emploi de l'eau oxygénée dans le traitement des plaies. *Deutsche medizinische wochenschrift.* 1915 ; nº 3 ; p. 66.) » M. Emile Dutertre a rendu un vrai service aux chirurgiens français en leur procurant ces renseignements. (*La gangrène gazeuse en Allemagne.* Paris, sept. 1915; pp. 44-45.)

On verra comment le parallèle est avantageux pour la sollicitude et pour la sagacité des représentants actuels de la chirurgie française.

Un insuccès instructif.

Le soldat Henri S., originaire de Périgueux, de la 2e compagnie du 3e bataillon de marche d'infanterie légère d'Afrique, est blessé le 21 novembre 1914, en Belgique, sur les rives de l'Yser, près de la maison du Passeur. Le premier pansement méthodique est fait le 22 novembre 1914 ; il est renouvelé le 23 à l'infirmerie de la gare de Calais-triage ; et le blessé entre le 24 novembre 1914 à l'Hôpital permanent de Calais, salle no 2.

Une plaie en séton, produite par une balle, traverse de haut en bas la jambe et le pied du côté droit. La plaie d'entrée répond à peu près au milieu de la face antéro-interne du tibia, à cinq centimètres environ au-dessus de l'interligne tibio-astragalien. La plaie de sortie, large de 4 7 centimètres, située au bord interne du milieu de la face plantaire, répond au scaphoïde, au premier cunéiforme et peut-être aussi à la portion postérieure du premier métatarsien. Bien qu'il n'y ait aucune complication, le blessé se montre hyperesthésique ou pusillanime, au-delà de la mesure connue dans les lésions articulaires du pied. Il est pratiqué une injection de sérum antitétanique. Le membre est reposé dans une gouttière en fil de fer ; et les pansements sont renouvelés chaque jour à la teinture d'iode et à l'eau oxygénée.

Le 1er décembre 1914, un abcès, survenu en arrière de la malléole interne, provoque des douleurs dont le blessé se montre soucieux. Pendant la chloroformisation, le débridement en est pratiqué : c'est un abcès banal. — L'occasion est mise à profit pour éliminer quelques débris de tissus sphacélés, puis pour ajouter deux débridements plantaires, et enfin pour explorer et désinfecter tous les recoins accessibles de la plaie de sortie.

Peu à peu toutes les plaies prennent un caractère fongueux et une couleur pâle. Tout le pied est tuméfié, douloureux, blême, comme dans la polyarthrite subaigüe. Malgré les moyens d'immobilisation, les douleurs deviennent intenses à ce point que, pendant la nuit, les cris du blessé sont perturbateurs pour le repos des autres malades de la salle.

Le 14 décembre 1914, l'amputation de la jambe est pratiquée au lieu d'élection.

L'étude anatomo-pathologique du pied montre que la balle, dirigée de haut en bas, a traversé la malléole interne et a détaché toute la portion antérieure de cette apophyse d'avec le reste du tibia ; et qu'elle a ensuite fracturé, et même émietté, le scaphoïde, le premier et le deuxième cunéiforme, sans léser les os du pied, pas même l'astragale, ni le premier métatarsien. La plaie de sortie est très vaste, avec des diverticules nombreux. Toutes les articulations de l'arrière-pied sont suppurées, depuis la tibio-péronéo-astragalienne jusqu'aux tarso-métatarsiennes. En outre des abcès déjà débridés, il en est trouvé un troisième, sur lequel l'attention n'avait jamais été appelée ; il est situé entre les muscles superficiels (triceps sural) et ceux des couches profondes du mollet ; de dimensions très vastes, cet abcès contient un pus nettement phlegmoneux de couleur jaune pâle, de consistance uniformément crémeuse sans caractère sanieux.

Les deux journées qui ont suivi l'amputation semblaitent rassurantes, lorsque pendant la nuit du 16 au 17 décembre 1914, l'opéré a éprouvé une sensation de constriction · C'était en concordance avec une odeur appréciable, de gangrène gazeuse et aussi avec une tache peu étendue, qui apparaissait dès le matin à la surface du pansement. Celui-ci est enlevé aussitôt ; et on découvre, sur un bord du lambeau antérieur, une plaque noire de gangrène, qui mesure 2-3 centim. Au pourtour, les téguments sont tuméfiés, un peu foncés en couleur, sans avoir la teinte bronzée. On enlève immédiatement les points de suture ; et on ne voit pas la moindre bulle de gaz. Il est fait une lotion à l'éther camphré saturé ; et toute la plaie est maintenue à découvert, afin d'être observée sans cesse. — Le même jour, vers 14 heures, pendant la chloroformisation, tous les tissus altérés par la gangrène, et aussi ceux qui sont simplement suspects, sont successivement touchés par le thermocautère, dont le couteau pénètre entre les faisceaux musculaires jusqu'à la profondeur où l'aspect est normal et bien exempt de gaz. Au pourtour, la paquelinisation est menée par la pointe de l'instrument ; et elle est conduite profondément, à travers les couches ramollies, jusqu'au moment où les tissus, d'une consistance ferme, donnent une sensation de résistance. Ensuite, toute la surface et tous les « *puits* » sont lavés au moyen d'éther camphré saturé. Enfin le pansement se compose de gaze aseptique imbibée de baume du Pérou pur. Il n'est appliqué aucune bande : les pièces destinées à absorber les liquides sont simplement maintenues par une serviette et quelques épingles. — L'état général est déprimé, avec répugnance pour les aliments et même pour les boissons. — Vers 23 heures, il survient de nouvelles douleurs dans le moignon et jusqu'au genou.

Le 18 décembre 1914, l'odeur de gangrène gazeuse est devenue très intense. Tout le moignon est tuméfié. La zone noire est d'une étendue plus que triple. Les téguments voisins présentent plusieurs taches d'une couleur nettement bronzée. Toute la région est hyperesthésique, bien qu'aucune portion de la plaie ne laisse échapper de gaz et que le contact de la main ne donne nulle part la sensation d'emphysème sous-cutané. Toutefois il n'y a aucun doute sur la nature de la gangrène : on a remarqué l'issue des gaz pendant la paquelinisation pratiquée la veille. Le pansement est cette fois, réparti en deux régions : il est à la poudre d'alun sur les portions envahies par la gangrène ; il est au camphre pulvérisé sur les portions menacées. Celui-ci est disposé en sachets dans une simple couche de gaze blanche. Celui-là est appliqué à même et en abondance, sur toutes les portions gangrénées, en commençant par les plus reculées. — Vers 11 h. 1/2, il survient un long frisson avec des nausées. — Vers 16 heures, le malade est agité. Pendant une heure environ, il délire et témoigne d'hallucinations de la vue par visions d'animaux, et autres illusions. — Le pansement est renouvelé à 14 heures, pour l'alun seulement, qui a été partiellement dissout par des liquides pathologiques écoulés du foyer de gangrène. Il est fait une injection intraveineuse de collobiase d'or.

Le 19 décembre 1914, l'injection intraveineuse de collobiase d'or est renouvelée vers 9 h. 1/2 ; elle est suivie d'un frisson de trois quarts d'heure, puis d'une diaphorèse pendant deux heures. — Vers 14 heures, le pansement est renouvelé. Il n'y a plus d'odeur fétide ; et la sécrétion de sanie est devenue relativement peu abondante. Il ne s'échappe que quelques bulles de gaz d'un petit nombre des puits de paquelinisation. Enfin le malade indique spontanément qu'il n'éprouve plus de sensation douloureuse le long de la face interne de sa cuisse. Cependant il persiste de l'œdème dans la portion interne du moignon, sans aucune crépitation d'emphysème sous-cutané. — En conséquence, sur la portion externe de la surface cruentée, là où la menace d'infection n'est point confirmée, le sachet de camphre pulvérisé demeure le seul objet de pansement. Par contre, des couches d'alun pulvérisé sont réparties sur toutes les surfaces accessibles du foyer de gangrène gazeuse et jusqu'au fond de chacun des puits de paquelinisation. Des couches de coton absorbant sont superposées; mais il n'est ajouté aucune bande. — Vers 20 heures, le malade devient anxieux, agité. Ses douleurs augmentent dans la région infectée: (injection hypodermique d'un centigr. de chlorhydrate de morphine).

Le 20 décembre 1914, le facies est fatigué, pâli. Une dyspnée intervient, sans aucune cause pleuro-pulmonaire, mais par endomyocardite septique. Dès le matin, on trouve, au-dessous du pansement, une grande quantité, (un flot accumulé dans la dépression du drap d'hôpital,) d'un liquide incolore, visqueux, avec quelques bulles de gaz. On y remarque des grumeaux blancs, imputables à l'action coagulante de l'alun sur les albumines de la sanie. Quand le pansement est ouvert, on s'étonne de ne point trouver l'odeur fétide ;

mais la tuméfaction est augmentée dans toute la région voisine du foyer infecté; les téguments y sont foncés en couleur, non d'une teinte bronzée, mais d'un rose gris terne, avec des limites diffuses. On se borne à des applications d'alun pulvérisé sur les portions accessibles. — Vers 13 heures, l'odeur de gangrène gazeuse devient caractérisée. Puis le malade éprouve une fatigue plus pénible, qu'il attribue à la persistance de la douleur ; il recherche l'obscurité, afin de trouver quelque repos ; mais la douleur l'empêche de dormir ; et ce jeune malade émotif en subit une impression de découragement, qui le trouble jusqu'à souhaiter la mort. — Vers 18 heures, les douleurs deviennent plus pénibles que jamais. Une injection hypodermique d'un centigramme de chlorhydrate de morphine est immédiatement suivie par une rémission avec diaphorèse abondante. Pendant cette sueur profuse, le malade persiste à rechercher l'isolement et l'obscurité ; pendant toute la nuit, il demande que l'infirmier de garde consente à se retirer ; en toute occasion, il réclame la suppression de la lumière électrique ; il prétend que celle-ci trouble son sommeil ; et, avec toutes les précautions requises, on lui accorde tout.

Le 21 décembre 1914, le malade se sent reposé ; et, en effet, son facies est redevenu placide : ses douleurs ne se reflètent plus sur son visage par une crispation, tour à tour anxieuse et fatiguée. Au-dessous du moignon, les linges sont tachés par le suintement venu des plaies ; mais il n'y a plus l'abondance de liquide, qui, la veille, avait imbibé le coussin sous-jacent et l'avait débordé jusqu'à s'accumuler en un flot sur le drap d'hôpital. La tache, produite par le liquide, est d'ailleurs colorée ; et elle présente une odeur de suppuration très différente d'avec la fétidité spéciale de la gangrène gazeuse. Le moignon présente un aspect tout autre que celui de la veille. La grande eschare, très noire, est devenue sèche au lieu de garder sa consistance pultacée, ou spongieuse. A travers quelques uns des puits de paquelinisation, il s'échappe encore des bulles de gaz; mais les autres plaies du cautère igné, ainsi que les autres portions de la plaie d'amputation, présentent les caractères des plaies banales, avec une suppuration ordinaire. Dans la région du genou et la cuisse, au-dessus du foyer morbide, il y a encore de l'œdème, mais sans rougeur et sans crépitation gazeuse. Il est mené une lotion à l'éther camphré ; puis le pansement est renouvelé : un sachet de camphre pulvérisé est étalé sur toute la portion indemne de la plaie d'amputation ; tandis que sur la portion infectée et autour de ce foyer, la poudre d'alun est accumulée *largâ manu.* — Quelque temps avant ce pansement matinal, la mère du blessé est arrivée de Périgueux à Calais. Sa présence, ni sollicitée, ni annoncée, a eu pour conséquence un réconfort important de l'esprit du patient ; il change d'attitude et cesse de refuser les aliments et les boissons ; il ne se montre plus découragé jusqu'au désespoir. — Vers 15 heures, le malade redevient agité, puis anxieux, à cause des douleurs, dont il ne sait pas préciser la sensation. L'odeur fétide de la gangrène gazeuse réapparaît. Plus haut que l'eschare, l'œdème a augmenté : il est devenu dur, d'une couleur rose-brunâtre ; il est sensible à la pression. Sans autre délai, il est entrepris une nouvelle séance de paquelinisation pénétrante pendant la chloroformisation. Le couteau ordinaire du thermocautère pénètre à fond, non seulement dans les puits déjà établis, mais aussi dans les portions circonvoisines, qui présentent de l'œdème rouge et hyperesthésique. Ensuite, il est fait de même au pourtour, afin de donner plus de garanties dans la zone qui est encore indurée, mais sans douleur ni sensibilité anormale ; et le couteau incandescent est poussé systématiquement à travers toute la portion dure, jusqu'au moment où il plonge dans une couche sans résistance. Cette fois tout le pansement est uniformément à la poudre d'alun. — Avant la nuit, il est fait une injection hypodermique d'un centigramme de chlorhydrate de morphine, qui ne calme le malade que partiellement. En vue de lui concéder une satisfaction ultérieure, il lui est accordé une seconde injection hypodermique ; mais, à cause de la dépression des forces, celle-ci est d'huile camphrée.

Le 22 décembre 1914, le facies est meilleur ; mais le malade est fatigué. La langue est moins sèche ; mais les lèvres portent des vésicules d'herpès ; et le pouls est devenu mou, dicrote. Autour du pansement, il s'est bien écoulé quelque liquide ; mais celui-ci n'est ni abondant, ni fétide. Pour la première fois, le blessé soulève lui-même et présente son moignon pour le renouvellement du pansement, sans tremblement et sans inquiétude. Pour abréger ce soin, on place sur le foyer principal de l'infection la poudre d'alun sur une nappe d'étoupe, que l'on a ensuite recouverte d'une seule couche de gaze blanche. Toutes les autres surfaces sont arrosées d'une solution au dixième de tannin dans la glycérine et ensuite recouvertes d'une seule couche de gaze imbibée de la même solution. Le malade se sent amélioré ; il ne craint plus de se remuer dans son lit. Une injection intraveineuse d'un demi-centigramme de collobiase d'or est suivie d'un frisson, puis d'abondantes sueurs. — Vers 14 heures, le pansement est enlevé ; avant de le renouveler, il est mené des excisions, lambeaux par lambeaux, des portions mortifiées des tissus : les escharres sont dures, sèches et tout à fait noires pour les téguments et pour les bourgeons charnus, tandis que celles de la substance musculaire sont d'un vert pâle, comme après une macération prolongée, avec une consistance ferme, sans gaz et sans odeur de gangrène gazeuse. — Vers 17 heures, le malade réussit à prendre à deux mains sa cuisse du côté blessé et à la changer de place sans hésitation et sans douleur. Il se retourne dans son lit sans avoir besoin du secours d'autrui. — Avant la nuit, l'injection de morphine est remplacée par deux comprimés à 5 centigrammes d'extrait thébaïque. Pendant la nuit, il se réveille à plusieurs reprises sans se plaindre d'aucune douleur. Sur son insistance, il lui est accordé 25 grammes de sirop de chloral.

Le 23 décembre 1914, après une nuit tranquille, il s'affaiblit progressivement ; ensuite il présente une dyspnée de cause cardiaque ; puis, sans transition, il subit le refroidissement des extrémités et s'éteint doucement vers 9 heures.

A l'autopsie du moignon d'amputation, on constate qu'il n'y a plus aucune fétidité de gangrène gazeuse et qu'il ne s'échappe plus de gaz, pas même du centre du foyer d'infection. Les tissus en contact avec l'alun sont gris-blanchâtre et de consistance aussi ferme que celle du fromage de Gruyère. Audessus de cette zone, large de 2-3 centimètres, il y en a une autre, épaisse de 6-8 centimètres, de couleur rouge-verdâtre, de consistance molle, presque gélatineuse, sans aucun gaz et sans odeur de gangrène. Plus loin les tissus ont l'aspect normal.

En conséquence, la mort n'est due, ni à la blessure de guerre, ni à la complication par gangrène gazeuse : elle résulte de l'adynamie post-infectieuse.

Ce fait, observé après une quarantaine de cas de gangrène gazeuse mortelle, démontre :

1° que le traitement local par les topiques astringents est efficace ;

2° que les pansements doivent être fréquemment renouvelés ;

3° qu'un traitement général est le complément nécessaire des opérations et des pansements de l'infection de tout l'organisme par la gangrène gazeuse.

Question de spécificité.

Dans la nomenclature nosologique, on connaît de mieux en mieux les maladies infectieuses ; on sait quel est le microbe spécial de plusieurs. Mais il ne faut pas se laisser entraîner à des généralisations sans preuves. (1)

---

(1). Dans le *Nouveau traité de chirurgie* de Le Dentu et Delbet, c'est dit clairement : — « Il serait très séduisant de classer les infections d'après leurs causes.... Il y a cependant à cette classification suivant le microbe causal deux objections : — nous ne connaissons pas les agents pathogènes de toutes les infections ; — et, d'autre part, il est une série d'infections, qui, bien que différentes par leur cause, ont des allures cliniques très semblables. »

La première objection est d'ordre médical ; car les fièvres éruptives sont parfaitement connues ; et les médecins ne savent pas encore quels sont leurs agents pathogènes.

« La deuxième objection a, pour la chirurgie, une tout autre valeur. Il est toute une série d'infections, qui n'ont rien de très spécifique dans leurs allures, qui sont capables de donner à peu de choses près des réactions identiques, les mêmes phlegmons, les mêmes abcès, les mêmes septicémies. S'il est scientifiquement préférable de décrire séparément les infections à staphylocoque, à streptocoque, à pneumocoque, à colibacille, etc. (Brouardel et Gilbert. *Traité de médecine ;* 2e éd. Paris 1906 ; fasc. X,) c'est essentiellement peu pratique ; c'est d'autant moins pratique, que beaucoup d'infections sont dues à l'association de plusieurs microbes, infections mixtes, dont la virulence se trouve d'ailleurs en général accrue du fait de cette association. Pour le chirurgien, l'allure de

C'est arrivé jadis. L. Pasteur avait cru découvrir le microbe de l'infection purulente, comme s'il n'y en avait qu'un seul, le spécifique..... ; mais lui-même a dû en revenir (2)

C'était le temps où on distinguait encore deux processus morbides, également mortels : l'un, la septicémie, consistait en un empoisonnement du sang et n'avait pas d'abcès métastatiques ; l'autre, la pyohémie, consistait en pénétration du pus dans le sang par phlébites, soit directes, soit de voisinage, et elle avait pour sanction les abcès à distance, dans le foie, les poumons, la rate et jusque dans les articulations. C'était classique ; mais il a fallu rabattre de l'absolutisme de cette répartition

---

pareilles infections a un intérêt pratique plus immédiat que leur nature même. » C'est pourquoi MM. Pierre Delbet et Maurice Chevassu se contentent de réunir cette série d'infections en trois chapitres cliniques, en trois grands syndrômes; septicémies, phlegmons, abcès. (*Nouveau traité de chirurgie.* I. grands processus morbides. Paris ; 1907 ; p. 229.)

(2). Alphonse Guérin, lui aussi, voulait que les bactériologistes trouvassent **un**, un seul « microbe de l'infection purulente. » Il pensait qu'à l'unicité admise du syndrôme pouvait répondre un seul agent pathogène.

Il a eu le mérite de soupçonner l'origine microbienne, d'affirmer l'origine pondérable des infections. Dès 1847, il a écrit que l'air est le véhicule des germes pathogènes : « On aura chance d'échapper à l'infection purulente toutes les fois qu'on ne laissera pas une plaie au contact de l'air.... » (*ibidem* ; I. 236.)

factice. On a été souvent embarrassé pour classer des faits concrets et parfaitement observés. On n'y a reconnu, ni l'infection purulente, ni l'infection putride ; et on a mis en circulation le mot hybride : septicopyohémie, qui n'a nullement solutionné la difficulté.

Cependant, depuis 1861, L. Pasteur poursuivait ses recherches sur la fermentation et sur la putréfaction. Les miasmes invisibles et les virus impalpables trouvaient leur interprétation dans la notion microbienne. Le 22 janvier 1878, Pasteur vint expliquer à l'Académie de médecine qu'il y a plusieurs sortes de septicémie. C'était heurter toutes les notions acquises et classiques dans tous les milieux médicaux du monde entier. Et Pasteur s'est cantonné dans l'étude particulière de l'infection qui est due au Vibrion septique.

Beaucoup d'autres chercheurs sont intervenus et tous sont arrivés à reconnaître une notion de plus en plus certaine : il n'y a point une septicémie ; il y a des septicémies.

Ce qu'on a décrit sous le nom d'infection purulente n'est pas une maladie ; c'est un syndrôme ; et ce syndrôme est applicable à des espèces morbides très distinctes les unes d'avec les autres. On ne le sait pas ; et on ne peut pas le savoir, parce que chaque espèce évolue à sa manière sous un masque, qui est toujours le même, le syndrôme. Parce que l'ensemble des symptômes est toujours le même, on est induit en erreur sur la nature morbide et on suppose indûment l'unicité dans l'origine pathogénique.

Désormais il n'est plus question de septicopyohémie pour caractériser l'infection, qui a tué tant de blessés et d'opérés. La pluralité des formes cliniques répond à la pluralité des microorganismes pathogènes. — « Les microbiologistes ont à peu près établi des espèces différentes : la *septicémie vibrionnienne*, forme sévère, heureusement (1) raréfiée

(1) M. J. Toubert (*Précis de chirurgie d'armée* Paris 1900 ; p. 143) pense que la septicémie gangréneuse « devient de plus en plus rare ; et elle tend à disparaître, si l'on en croit les dernières guerres.

» Ni la température extérieure, mise en cause par Salleron, ni le surmenage ne sont des causes suffisantes d'après J. Chauvel. L'encombrement joue un rôle important, mais plutôt au point de vue de la dissémination qu'à celui de cette complication.

» La seule cause efficiente est la contamination de la plaie par un gerbe spécifique, le *Vibrion septique* de Pasteur : l'infection générale ne se réalise que si la membrane granuleuse de la plaie fait défaut, par conséquent avant le 2e ou 3e jour pour les plaies récentes, à l'occasion d'un petit traumatisme de la blessure pour les plaies anciennes. » (p. 144.)

dans notre milieu antiseptique, provoquée par le Vibrion septique ; la *septicémie strepcoccique*, qui est le type le plus fréquent ; la *septicémie staphylococcique*, moins souvent observée ; la *septicémie colibacillaire*, fréquente dans les péritonites post-opératoires, post-appendiculaires, et dans les infections d'origine urinaire. Le pneumocoque, le Bacille pyocyanique, le gonocoque, la Bactérie pyogène de l'urine peuvent aussi, soit à l'état isolé, soit en association avec les précédents micro-organismes, donner lieu à des septicémies chirurgicales. » (E. Forgue, *pathologie externe ;* 5me éd. Paris, 1912 ; I ; 69)

Ce n'est pas suffisant ; car il faut encore tenir compte de la pluralité des manifestations pathologiques d'un même microbe. Un micro-organisme pyogène suffit à déterminer dans un cas l'infection purulente, et dans l'autre la septicémie. On le sait par de multiples expériences : un même micro-organisme, à des degrés différents de virulence et dans des conditions différentes d'inoculation, peut donner lieu à une symptomatologie variée, allant, par exemple, pour le streptocoque, de l'érysipèle bénin ou du phlegmon très-circonscrit jusqu'à l'infection mortelle sans qu'il y ait de lésions localisées.

Il faut donc en revenir de plusieurs des vues théoriques inspirées par des recherches de laboratoire. Il existe incontestablement des infections différentes selon qu'elles sont d'origine streptococcique, staphylococcique, pneumococcique, colibacillaire. Entre ces maladies infectieuses la différenciation n'est possible que par l'analyse bactériologique et par elle seule ; car la ressemblance clinique est complète et les caractères anatomo-pathologiques suffisamment comparables pour induire en confusion. Voilà pourquoi il n'est pas question des espèces morbides, qui sont réelles, mais dont la différenciation est chimérique au lit du blessé.

Il n'y a plus personne qui poursuive le rêve du microbe spécial de l'infection purulente.

Mais il y a, parmi les modernes, des hommes instruits dans quelques laboratoires, qui demeurent attachés à la poursuite d'une chimère, assez comparable : ils voudraient tenir la gangrène gazeuse pour une maladie toujours identique à soi-même,... comme s'il n'y avait pas diversité de microbes au point de départ, — diversité de symptômes dans son évolution polymorphe, — diversité de pronostic local et général, — et surtout diversité de ressources thérapeutique, de l'aveu de presque tous les cliniciens.

« Comme la gangrène gazeuse était peu connue et peu étudiée avant la guerre de 1914-1916, on ne doit pas s'étonner que cette complication des plaies de guerre prête encore à de nombreuses discussions.

» Les importantes recherches de M. Sacquépée, limitées à des cas indiscutables au point de vue du diagnostic clinique, le conduisent à considérer la gangrène gazeuse, non comme un syndrôme susceptible d'être provoqué par la pullulation de bactéries variées, (1) mais comme une maladie spéciale, caractérisée par un ensemble de symptômes locaux et généraux, toujours les mêmes (2),

---

(1) C'est une illusion, M. Sacquépée l'a lui-même reconnu ; il y a au moins deux microbes bien distincts, qui sont, l'un et l'autre, pathogènes de la gangrène gazeuse.

(2) C'est encore une illusion.

Le symptôme « *gaz* » manque pendant tout le début de plusieurs formes de l'infection gangréneuse. Ce sont des phases, qu'il importe de connaître ; car ce sont celles de la

susceptibles de varier seulement en plus ou en moins, suivant les cas particuliers.

» Partant de cette conception, M. Sacquépée a cherché à décéler la présence des germes spécifiques de l'affection. Pour lui, ces germes sont le *Vibrion septique* et le *Bacille de l'œdème gazeux malin*... D'autres bactéries semblent jouer un rôle d'appoint.

» L'œdème est toujours abondant ; et l'infiltration gazeuse est tantôt nettement perceptible, tantôt presque nulle, avec foyers de gangrène musculaire toujours très limités. Les dissections montrent que la lésion initiale est presque constamment musculaire. De ce foyer elle gagne, soit le muscle, soit le tissu conjonctif du voisinage. Dans ce dernier cas, elle provoque une infiltration gazeuse cliniquement perceptible. [1]

» Quant aux modalités de la gangrène gazeuse, elles dépendent d'abord de la nature

---

curabilité.

Le symptôme « *gangrène* » est essentiellement ultime. Pendant toutes les phases antérieures, l'infection existe ; et elle est encore accessible à un traitement efficace.

En clinique on n'attend pas que la gangrène soit *confirmée* : on soigne l'infection gangréneuse dès qu'on en reconnaît l'existence, fût-elle à son *début*.

(1) Donc, dans l'autre alternative, l'infiltration gazeuse est imperceptible.

du germe spécifique. — Les gangrènes dues au *Vibrion septique* sont très gazeuses ; — celles produites par le *Bacille de l'œdème gazeux malin* peuvent être purement œdémateuses, ou en même temps gazeuses, mais secondairement. [1]

» La complication varie également suivant le point d'inoculation. — Le développement du *Bacille de l'œdème gazeux malin* dans le tissu musculaire donne beaucoup d'œdème et peu de gaz ; — le même germe dans le tissu conjonctif provoque un œdème prédominant, mais accompagné d'une infiltration gazeuse marquée.

» Enfin il faut tenir compte des infections associées. Certains microbes aérobies provoquent de véritables septicémies graves ou même mortelles : de ce nombre sont le streptocoque, le pneumocoque et un diplostreptocoque. [2]

---

(1) « ... Il conviendrait évidemment de décrire les septicémies en autant de chapitres qu'il y a d'agents possibles d'infection sanguine..... » (P. Delbet et M. Chevassu. art. infections du *Nouveau traité de chirurgie* de Le Dentu et Delbet. Paris. 1907 ; I ; 238.)

(2) Cet argument, qui est donné par M. Sacquépée, vient en contradiction avec sa thèse sur l'unicité spécifique, laquelle est de nécessité essentielle pour toute véritable maladie.

Ce qui est admis pour le tétanos, la diphtérie, la syphilis,

» L'intervention de certains anaérobies paraît à M. Sacquépée être la cause de lésions nécrotiques étendues et de l'infiltration considérable observée dans certains cas. Dans les formes gazeuses, la gangrène devient rapidement apparente; et le chirurgien peut intervenir assez tôt pour nettoyer à fond la profondeur des tissus, créant ainsi des conditions défavorables au développement des anaérobies. L'œdème des formes surtout ulcéreuses apparait, au contraire, tardivement ; et la gangrène ne se manifeste que pour une intoxication déjà très avancée.

» La gangrène massive, par oblitération artérielle, est une véritable putréfaction des tissus morts. La pullulation des germes ne présente alors aucun rapport avec l'évolution de la vraie gangrène gazeuse. » (1) — Cette dernière appréciation n'est que trop cruellement démentie par la clinique.

La gangrène massive ne survient pas toujours d'emblée. Elle survient parfois après

---

s'impose pour toute maladie avérée.

Le polymorphisme lui-même n'empêche pas que la spécificité subsiste.

(1) D.A.D. *Revue scientifique*; 53me année; Paris, 13-20 novembre 1915: pp.564 565

l'une des autres formes de l'infection gangréneuse; et la sollicitude principale du chirurgien consiste précisément à s'empresser d'y pourvoir, dès qu'il y a lieu de craindre le passage d'une forme bénigne à la forme tragique.

Il y a donc lieu de ne pas envisager le problème de la spécificité de l'infection gangréneuse comme une question oiseuse..

Il y aurait quelque injustice à incriminer un chirurgien, qui tient le diagnostic pour suffisant alors, que la gangrène gazeuse n'est pas encore confirmée.

Il est sage de tenir compte des contradicteurs de bonne foi, tandis que le problème est encore à l'étude.

Sans doute, il est permis de penser et même de dire que l'infection purulente a désormais disparu ; mais la même perspective a été prématurément enseignée au sujet de l'infection gangréneuse. La guerre de 1914-1916 a donné un démenti cruel à ceux qui tenaient la gangrène gazeuse et la pourriture d'hôpital pour des maladies disparues.

Bien plus, tandis que ces complications ont été les plus funestes pour toutes les armées belligérantes, on ne s'est plus souvenu que le

Vibrion septique est le seul microbe classique de la gangrène gazeuse, tandis que le *Bacillus perfringens* est le seul microbe classique de la pourriture d'hôpital. Il y avait des mois entiers que, dans toutes les formations sanitaires, on s'accordait à reconnaître la gangrène gazeuse, lorsqu'on a cherché à déterminer le microbe pathogène..... Sans aucune concertation possible, on a reconnu le Bacille, aussi bien en France [1] qu'en Allemagne, alors que nulle part personne n'avait parlé de pourriture d'hôpital.

Faut-il conclure que, dans tous les pays à la fois, tous les chirurgiens ensemble avaient fait une erreur de diagnostic ? Non ; il suffit de revenir d'une illusion. A une époque où l'infection gangréneuse était une rareté, on a généralisé prématurément sans avoir acquis de preuves suffisantes et sur la base d'un trop petit nombre de faits cliniques.

---

(1). Le 19 mars 1915, M Depage, de Bruxelles, a fait à la *Société de chirurgie de Paris* une communication sur la chirurgie de guerre.

Parlant de la gangrène gazeuse, dont il a observé un seul cas à Calais et quinze à La Panne, il a raconté (pp. 698-699) comment il avait recueilli du sérum morbide dans de bonnes conditions d'asepsie ; et comment ce sérum, cultivé à l'abri de l'air, a donné une culture pure de *Bacillus perfringens*.

Ce diagnostic a, du reste, été confirmé par une analyse

Désormais il a fallu reprendre et remanier bien des points, qui semblaient définitivement acquis.

« Les travaux anciens ne peuvent donner aucune lumière [sur la question de spécificité]. — Pitha, qui, dans son mémoire très étudié de 1851, qualifia la pourriture d'hôpital de *processus d'exsudation diphtérique, phagédénique,* — Heine, qui l'identifia à la diphtérie et trouva dans ses détritus des *monades en chapelet,* — ne fournissent que des documents inutilisables. Ce n'était point la diphtérie des plaies ; et ce terme, propre à la confusion, doit disparaître. » [E Forgue. *Précis de pathologie externe* ; 5me édition. Paris, 1912, I, 118]

Après cette période primitive, qui n'a rien laissé de définitif, il y en a eu une autre, qui aurait volontiers poussé l'enthousiasme jusqu'à délimiter toutes les maladies infectieuses et qui prétendait attribuer un microbe spécial à chacun des processus morbides d'infection. Il est heureux que la découverte soit bien réelle pour plusieurs espèces de la nosographie ;

---

faite à l'Institut Pasteur.

Et il n'a été question du *Vibrion septique*, ni à l'Ambulance belge de Calais, ni à celle de La Panne en Belgique.

mais il ne faut pas oublier qu'il y a des lacunes à combler pour plusieurs espèces, et non des moindres, c'est-à-dire la rage et le vaccin jennerien.

Quoiqu'il en soit, les anciens ont connu la pourriture d'hôpital. «Il est vraisemblable, écrit, M E Forgue, que l'agent pathogène était aidé (par) des *conditions de sordidité locale* des plaies, de suppurations copieuses et stagnantes. Les habitudes de propreté, introduites avec le pansement listérien, ont supprimé ces conditions auxiliaires ; et, dès lors, nous n'avons plus eu affaire qu'à une forme légère, voilant les surfaces granuleuses d'un enduit diphtéroïde mince..... » Ecrivant en 1912, M E. Forgue n'avait pas prévu *la sordidité locale* produite par la guerre des tranchées. Cette *condition a préexisté aux plaies de la guerre de 1914-1916* ; elle n'a pas pu être supprimée par les habitudes de la propreté listérienne, et moins encore par le système des badigeonnages de teinture d'iode.

Brünner a étudié les formes simples de l'enduit diphtéroïde ; et il a trouvé, presque toujours, le *Streptocoque pyogène*, soit en culture pure, soit associé au *Staphylocoque*. Il a été établi aussi que le *Bacterium coli commune* peut, sur les plaies et les muqueuses, produire des membranes d'exsudats plastiques. On s'explique bien que les mesures antiseptiques aient été efficaces contre ces agents pathogènes.

Ce n'est pas tout ; et M. E. Forgue a lui-même introduit un élément nouveau, qui complique le problème. Pour lui, « l'agent de la pourriture d'hôpital typique a été trouvé par Vincent : c'est un *Bacille à extrémités amincies*, abondant dans la *pulpe pseudo-membraneuse*. Son travail, daté de 1896, a pour base la pourriture d'hôpital observée chez les convoyeurs Kabyles de l'expédition de Madagascar. — Ce même bacille, chose curieuse, se retrouve dans les ulcérations amygdaliennes à *tendances dyphtéroïdes*, auxquelles on donne depuis le nom *d'angines de Vincent* ; il se retrouve aussi dans certaines stomatites ulcéro-membraneuses, et encore dans les balanites du même type. — Il semble donc que la pourriture d'hôpital ne soit qu'un cas particulier de l'infection par le *Bacille fusiforme*. A l'état normal, ce Bacille n'est qu'un vulgaire *sapyrophyte* ; fréquent dans la bouche des individus sains et qui ne produit des ulcérations diphtéroïdes que lorsque s'exalte sa virulence. » (E. Forgue ; 119.) Il faut reconnaître que les conditions de sordidité de la peau et des vêtements dans la guerre de tranchées est de nature à exalter la virulence de tous les microbes de banalité. Cette considération n'est pas de nature à simplifier le problème de la spécificité de la gangrène gazeuse. Dans ce doute, MM. Th. Weiss et Georges Gross ont pris position devant la *Société de médecine de Nancy* le 3 février 1915. Ils ont rappelé une discussion à la *Société de chirurgie de Paris* (28 octobre 1914). M. Riche leur semble avoir parfaitement raison quand il dit : « la pénétration, au niveau d'une blessure, de certains germes anaérobies, c'est la septicémie gazeuse en puissance. » Il n'est pas nécessaire que le *Vibrion septique* de Pasteur existe dans une plaie, pour qu'il y ait gangrène gazeuse. — La spécificité microbienne n'est pas un dogme intangible, disent MM. Th. Weiss et Georges Gross, et de nombreux microbes anaérobies, peut-être associés, peuvent occasionner la gangrène gazeuse.

Ce n'est pas seulement pour la forme

rapide, qui est la gangrène gazeuse diffuse d'emblée, qu'il faut tenir compte de *plusieurs microbes*, tous différents les uns des autres ; c'est aussi pour toutes les autres formes de l'infection gangréneuse.

Sans doute M. E. Forgue distingue deux sortes de la septicémie gangréneuse : 1° la gangrène gazeuse vraie, *septicémie vibrionnienne*, dénomination qui fixe une spécificité étiologique ; 2° les phlegmons diffus avec dégagement de gaz, qui, étiologiquement, répondent à des *microbes divers*, ordinairement anaérobies, *autres que le Vibrion septique*, et qui cliniquement sont d'un moins grave pronostic. (I ; 110.)

Un peu plus loin, (I; 113,) le même auteur le reconnaît, *les associations microbiennes*, ainsi que l'a montré Besson, jouent un rôle important dans la production de l'infection gangréneuse....... Inoculées à doses massives, les spores pures ne tuent pas le cobaye parce qu'elles sont phagocytées. *Il suffit d'ajouter à ces spores* des Staphylocoques pyogènes, qui occupent la phagocytose, *pour que les spores végètent et pour que l'animal succombe*. — On s'explique ainsi que, comme pour le tétanos, l'antisepsie des plaies et la suppression des microbes pyogènes aient, du même coup, raréfié la septicémie gangréneuse, l'infection gangréneuse, dont le germe est si fréquent dans la terre.

Cependant, c'est la période contemporaine, qui a vu isoler la gangrène gazeuse. Elle a été caractérisée, comme forme clinique spéciale, par Chassaignac, par Maisonneuve, par Salleron, qui la vit décimer ses amputés pendant la guerre de Crimée (1854-1855), par Maurice Perrin et Terrillon.

« Sa spécificité bactérienne a été établie par Pasteur, qui, dès 1876, avait vu le Vibrion septique. En 1877, Pasteur et Joubert décrivent la septicémie expérimentale produite par *l'inoculation de la terre* qui le contient abondamment.

» Dès 1880, Chauveau et Arloing prouvèrent que le Vibrion septique, jusqu'alors considéré comme un agent pathogène purement expérimental, était le microbe de la gangrène gazeuse de l'homme; en 1881, Koch et Guffky l'étudièrent sous le nom de bacille de l'œdème malin. » (E. Forgue; I; 110,-111.)

Le Vibrion septique est un anaérobie; il se trouve dans la sérosité qui infiltre le tissu conjonctif, dans les lambeaux mortifiés, dans les séreuses, rarement dans le sang, où il ne pénètre qu'au moment de la mort........

« Ce microbe redoutable est fréquent dans la nature, observe M. E. Forgue (I ; 112). *Il existe dans le sol* : c'est de la couche superficielle ou arable, que Koch et Graffky l'ont isolé. Liborius et Cornevin ont décelé sa présence dans la terre cultivée. Cornevin l'a rencontré dans les eaux troubles et boueuses de la Saône en temps de crue. Roux, de Lyon, a montré que la vase des bassins de décantation de l'eau de la ville, inoculée à des cobayes, les tue souvent par infection gangréneuse. Lortet a trouvé le Vibrion septique dans le dépôt formé par les eaux de Lyon à la surface des filtres de Chamberland. Ces faits, ainsi que l'a dit Arloing, justifient l'étiologie jadis invoquée ; c'est à juste titre que l'on regardait les plaies souillées de terre comme très sujettes à la septicémie gangréneuse, » à l'infection gangréneuse. — Ce microbe redoutable foisonnait évidemment, (avec beaucoup d'autres), dans la boue des tranchées, spécialement dans celles qui confinaient les débordements de l'Yser.

La contamination par les matières animales de putréfaction, où pullule le Vibrion septique, a été mainte fois signalée par les auteurs ; et M. E. Forgue en a rapporté des exemples dans sa thèse d'agrégation... et il persiste, pour les épidémies d'hôpital, a incriminer les mains, les instruments, les objets de pansement, comme s'ils colportaient l'infection... Mais il écrivait en 1912. ! Il n'en pourra plus juger de même après la guerre de 1914-1916, où les plus grandes précautions ont été prises ; et on n'a signalé aucun cas de transmission à l'intérieur d'un établissement hospitalier, dans des conditions de nature à incriminer une faute technique.

D'ailleurs, M. E. Forgue en explique lui-même le motif. — « Le Vibrion septique une fois dans la plaie, sa pullulation est favorisée par certaines conditions : rupture ou non organisation de la membrane granuleuse protectrice ; contusion grave des tissus, ainsi préparés au sphacèle ; anfractuosités et irrégularités de la plaie, disposées pour la plus active prolifération du Vibrion anaérobie ; richesse de la région en tissu cellulaire propice aux infiltrations séreuses ; plaies incorrectement drainées et stagnantes. » (I, 112.) Et tous ces arguments sont justes et vrais. — En face de ces conditions, aussi réelles que certaines, que pèsent des imputations sans preuves ? Pourquoi persister à tenir le Vibrion septique pour le microbe pathogène spécifique de l'infection gangréneuse ?

Pendant la guerre de 1914-1916, M. Michaux a fait à Verdun de nouvelles recherches bactériologiques. Elles n'étaient pas terminées en février 1915 ; mais M. Ombrédanne en a publié les premiers résultats, dans le *Paris médical*, (p. 378 ; col. 1.) — 1° les deux agents microbiens les plus fréquents de l'infection gangréneuse sont le *Bacillus perfringens* et le Vibrion septique. M. Besredka, du bureau d'hygiène de Verdun l'a vérifié. Cependant la question du Vibrion septique devait encore être réservée le 27 février 1915. — 2° le *Bacillus perfringens*, recueilli dans les infections gangréneuses de Verdun, pousse parfaitement en milieu aérobie, en surface, sur la gélose inclinée. — 3° les grains jaune-safran sont toujours constitués par un bourbillon qui fourmille de Vibrions septiques, ou d'un bacille très analogue, *en symbiose avec un diplocoque encore insuffisamment déterminé.* — Un grain jaune-safran est tellement caractéristique, qu'il peut être considéré comme la signature de l'infection gangréneuse à *apparence de Vibrion septique.*

C'est ainsi que les recherches récemment menées à Verdun, conjointement avec des sanctions thérapeutiques, font évanouir le mirage de la spécificité de l'infection gangréneuse. Le fameux Vibrion septique, naguère tenu pour spécifique, n'est pas toujours le seul agent microbien. Des deux, que l'on a déterminés à Verdun, l'un est le Bactérium perfringens ; l'autre n'est pas non plus le Vibrion septique ; il n'en a que l'apparence.

La bactériologie confirme doncla clinique, en reconnaisant le polymorphisme protéiforme de l'infection gangréneuse, qui complique les plaies de guerre.

Le microbe pathogène est si peu identique à soi-même, que M. Edna Steinhardt Harde en est arrivé à décrire trois phases successives dans l'évolution clinique et bactériologique de la gangrène gazeuse. (*Société de biologie* 23 janvier 1915, note présentée par M. Pinoy.) — Le premier stade est caractérisé par une grande production de gaz, sans phagocytose et par la présence du *Bacillus perfringens*. — Dans le deuxième stade, la production de gaz est arrêtée ; la flore montre plutôt les microbes aérobiques de la suppuration ordinaire que le *Bacillus perfringens* : celui-ci apparaît bien plus rare. — Enfin, dans un troisième stade, la phagocytose se manifeste tandis que les tissus de la plaie reprennent leur couleur normale.

Ce n'est pas la première fois qu'il est question de phases successives dans l'évolution de l'infection gangréneuse des plaies de guerre. M. P. Riche l'a dit nettement a la *Société de chirurgie de Paris* (28 octobre 1914) : il est exagéré de séparer complètement les plaies contenant des gaz et les gangrènes gazeuses véritables Elles sont toutes provoquées par des anaérobies, sans véritable spécificité microbienne ; les premières constituent une forme atténuée ou bien une forme encore à son début. Il n'y a pas une fausse gangrène, dont on guérit ; et une vraie, dont on meurt ; « mais deux stades de la même maladie. » (1)

---

(1) M Riche est revenu incidemment sur ce litige le 17 mars 1915.

« Quelques uns de nos collègues diraient que c'est là un

L'expression est juste ; mais elle ne comporte nullement l'idée de spécificité du microbe pathogène. M. P. Riche a pris le soin de bien compléter sa pensée : il n'y a pas de véritable spécificité microbienne pour l'infection gangréneuse.

Du côté des allemands on a une autre manière de reconnaître que l'infection gangréneuse n'est pas imputable à un seul microbe, toujours le même. On commence par faire l'oubli volontaire du Vibrion septique.

Biologistes et chirurgiens se rencontrent en un accord tacite à garder un silence systématique sur l'œuvre scientifique d'un français, Louis Pasteur ; ainsi le veut le

---

assemblage d'observations qui n'ont entre elles aucun rapport. Je n'irai pas jusque là. Pour moi..... les plaies (de la guerre) sont probablement infectées par les mêmes microbes anaérobies ; — c'est aujourd'hui le *Bacillus perfringens* qui est mis en cause ; — mais leur communication plus ou moins large et facile avec l'air extérieur, leur degré de ventilation si l'on veut, les fait évoluer différemment.... .

» Mais ce n'en sont pas moins des types cliniques différents.... »

Dans cet assemblage de types cliniques différents il est important de discerner ce qui est commun en essence.

Il ne suffit pas de reconnaître la réalité du polymorphisme ; il faut être averti que le syndrôme de la gangrène gazeuse peut passer d'une forme clinique bénigne à une autre forme, qui est dangereuse, peut-être mortelle.

pangermanisme des intellectuels allemands! Dans toute leur presse, c'est le même langage. « Eugène Fraenkel de Berlin (1) a démontré que la gangrène gazeuse est due au développement d'un microbe anaérobie, auquel il a donné le nom de *Bacillus phlegmones emphysematosœ*. (*Démonstrationen zum gazbacillus*. 12 nov. 1912 ; et *Munchener medizinische wochenschrift* 1913. n°3). En Allemagne,

(1) « En 1892, Fraenkel isola un microbe anaérobie, que l'on retrouva *dans tous les cas* (*sic*) de gangrène gazeuse observés dans les diverses parties du monde ! » — Les auteurs du pangermanisme en répètent l'affirmation, comme si c'était vrai.

« Le gazbacille de Fraenkel ne produit des spores qu'exceptionnellement. Transporté dans des bouillons de culture renfermant du sucre de raisin ou d'autres substances réduisantes, des formiates de soude, il s'y développe en produisant des vésicules gazeuses. Son développement se fait surtout à la température du corps. Il se fait aussi à la température de la chambre ; mais il nécessite alors un temps beaucoup plus long. Il liquéfie la gélatine et fait cailler le lait, tout en créant une vive production de gaz.

» C'est un bacille court, assez grossier. On le dévoile avec toutes les couleurs d'aniline, avec le Gramm et surtout par la méthode des baguettes *tingiriendes* de Weigert, qui permet de la reconnaître sans peine dans les préparations aplaties de tissus malades. — Il se distingue du bacille du charbon par ses extrémités arrondies et non coupées obliquement comme celles du bacille charbonneux. Le bacille de l'œdème malin se distingue d'avec lui par sa gracilité. Avec une solution légère de fuschine phénolée servant à la coloration des préparations aplaties, on peut déjà, lorsqu'on en a l'habitude, faire un diagnostic différentiel probable entre la gangrène gazeuse, le charbon et l'œdème malin. » (Emile Dutertre. *La gangrène gazeuse en Allemagne*. Paris, Septembre 1915 ; p. 8.)

on appelle ce bacille le Bacille de Fraenkel aussi bien que le gazbacille. Ce dernier nom indique la propriété la plus en vue du microbe, celle de développer des vésicules gazeuses dans les tissus qu'il envahit » (pp. 6 et 7.) Aussi, M. Emile Dutertre commence-t-il son résumé des publications allemandes par ces mots : « la gangrène gazeuse, complication fréquente des plaies par projectiles d'artillerie, est due à la présence et au développement du Bacille anaérobie de Fraenkel. » (p. 62) Cependant il ne s'agit pas d'une véritable spécificité microbienne.

Il y a vingt ans (1895), Kornig disait encore que le sang oxygéné ne laissait pas croître les germes anaérobies ; et Sachs pouvait ainsi conclure que le gazbacille ne comptait pas dans la pathologie humaine. C'est à Schottmuller que les allemands attribuent le mérite d'avoir indiqué l'importance clinique des germes anaérobies dans le sang.

En 1914, Bingold a publié un travail, dans lequel il résume cent trente cas d'affections, produites par un microbe, qu'il nomme *Bacillus aerogenes capsulatus*, selon que l'a proposé Welch.. ; et il ne craint pas de tenir pour favorable le pronostic de ces affections Par là, il contredit les travaux de Fraenkel,

Schottmuller, Heynemann, Lindemann, etc., lesquels montrent, au contraire, le caractère dangereux et parfois mortel « *léthal* » de ces affections. (Em. Dutertre ; p. 7.) C'en est assez déjà pour ne point admettre de véritable spécificité microbienne.

Heynemann ne se borne pas à reconnaître qu'il existe plusieurs microbes pathogènes de l'infection gangréneuse ; il en fait la répartition par ordre de fréquence. « Il met en première ligne le *streptocoque* et en deuxième ligne, mais loin en arrière, le *staphylocoque* ; à côté du staphylocoque, (par conséquent en deuxième ligne,) il range le *Bacillus aerogenes capsulatus*, celui que d'autres nomment le Bacille de la gangrène gazeuse. On doit, d'après lui, penser à ce dernier microbe quand l'urine prend une coloration sanglante. (p 7)

Korbs, dans un cas de gazphlegmone, a pu isoler un bacille anaérobie, dont l'une des extrémités montrait une vacuole, une spore. Ce bacille était entouré d'une vésicule gazeuse. Lorsqu'on le cultivait sur l'agar, la culture s'accompagnait de production de gaz à odeur spécifique. (Emile Dutertre ; pp. 7 et 8.)

« Ghon, Sachs et von Hibler ont trouvé,

dans le cas de gangrènegazeuse chez l'homme, des bacilles qui diffèrent du Bacille de Fraenkel par leur culture et par les expériences sur les animaux. » (*ibidem* ; pp. 8 et 9) Il est donc avéré que le microbe de Fraenkel ne se retrouve pas dans tous les cas et dans tous les pays du monde.

« De toutes les observations publiées il résulte, sans aucune exception, ce fait que la gangrène gazeuse est produite par les anaérobies. Il ne faut pas admettre, ajoutent les auteurs allemands, qu'elle puisse être produite par le *proteus Hauseri*, surtout chez les diabétiques, ou par des *colibacilles*. Ces derniers microbes jouent un rôle tout à fait surbordonné (secondaire) au point de vue de l'étiologie de cette affection.

» On peut, dans le cas de gangrène gazeuse chez l'homme, trouver toutes les espèces de microbes, qui se développent sur la terre, sur le lait décomposé et sur les détritus des organes humains ou animaux.

» Ces microbes reproduisent sur les animaux en expérience l'aspect de la maladie qui se développe spontanément chez l'homme. — Si l'on tient compte de ce fait, on comprend le nombre considérable de microbes, que des auteurs isolés ont décrit, comme causes de la gangrène gazeuse. » (p. 9.) — Il faut bien tenir compte des faits, qui sont réels, certains, incontestés ; et il devient déraisonnable de poursuivre la chimère d'une spécificité microbienne pour l'infection gangréneuse.

Fraenkel, de Berlin, donne lui-même un argument, qui montre combien serait désastreuse l'utopie, qui voudrait soutenir l'unicité de l'origine microbienne de l'infection gangréneuse; mais ce théoricien de laboratoire ne paraît pas en avoir compris toute l'importance pratique.

« Fraenkel fait remarquer, au rapport de M. Emile Dutertre, (pp. 9 et 10), qu'il y a des cas *ayant toute l'apparence clinique de la gangrène gazeuse*, que l'on doit cependant, au point de vue étiologique, distinguer et séparer de cette affection. Dans ces cas, les cultures de recherches faites avec les produits de la maladie révèlent l'existence de bacilles différant essentiellement du bacille de la gangrène gazeuse. Ce fait s'observe dans le soi-disant œdème malin qui ressemble à l'œdème charbonneux. Cet œdème, tantôt séreux, tantôt sanguinolent, attaque le tissu cellulaire sous-cutané et le tissu musculaire lui-même. Dans cette affection, on peut parfois constater l'existence de toutes petites vésicules gazeuses : mais ces petites vésicules diffèrent entièrement des grosses vésicules, qui caractérisent la gangrène gazeuse..... » (p. 10.)

Quand il touche à la question de l'œdème malin, M. Fraenkel aborde un terrain scientifique défriché par des français...... L'œdème malin a été signalé pour la première fois par Bourgeois : c'est une manifestation locale, mais rare, après une inoculation du *Bacillus anthracis*. Qu'on ne l'oublie pas, quand, en 1850, Rayer et Davaine ont fait la découverte de ce microbe, ils ont commencé à établir la première notion certaine de la pathologie parasitaire des infiniment petits. On lui donnait encore le nom de bactéridie charbonneuse, lorsque Pasteur a fait une autre découverte, celle des milieux nutritifs artificiels en vue d'isoler le microorganisme pathogène. C'est encore le même *Bacille du charbon*, qui a servi à Joubert, Chamberland et Roux pour créer la méthode féconde des cultures microbiennes, puis celle des vaccins artificiels.... En France, si un œdème malin avait toute l'apparence clinique d'une gangrène gazeuse, pas un chirurgien ne s'attarderait à solliciter les longues recherches d'un laboratoire de bactériologie. Sur son terrain ferme de la clinique, il s'empresserait d'agir en conséquence.... et ce serait sagesse traditionnelle.

Cependant M. Fraenkel a été si content de sa trouvaille, qu'il s'est donné la satisfaction d'en fouiller la détermination. Il ne s'aperçoit pas qu'il inflige un démenti à ceux qui prétendent retrouver son bacille dans tous les cas de gangrène gazeuse dans les diverses parties du monde ! — « Les cultures chez les animaux permettent de différencier ces deux processus et de *séparer ces deux maladies.* » C'est M. Fraenkel, qui dit (p. 10) que, sous la même apparence clinique de gangrène gazeuse, il y a, non pas une maladie, mais bien *deux*.

« Pour la gangrène gazeuse, c'cst lc cochon d'Inde qui réagit ; pour l'œdème malin, c'est le lapin, ce dernier animal étant, au contraire, réfractaire à la gangrène gazeuse. — Si le diagnostic hésite entre la gangrène gazeuse et l'œdème malin, dit M. Fraenkel, il suffit d'introduire un fragment de tissu cellulaire sous-cutané ou un fragment de tissu musculaire provenant de la partie malade sous la peau du ventre du cochon d'Inde ou du lapin ; et, au bout de douze à dix-huit heures, on peut établir le diagnostic d'une façon précise. Dans le cas de gangrène gazeuse, le lapin reste bien portant. Dans le cas d'œdème malin, on trouve, au contraire, chez lui, un œdème puissant, large, de l'épaisseur d'un ou deux doigts, qui, partant du point où on a introduit le tissu suspect, s'étend sur tout le ventre et sur la partie antérieure du thorax. Cet œdème est gélatineux et renferme çà et là des vésicules gazeuses très fines. Le cochon d'Inde, lui, réagit dans les deux cas ; mais, s'il s'agit de l'œdème malin, on constate chez lui un œdème considérable, qui prédomine sur la formation des vésicules gazeuses. » (Emile Dutertre. *La gangrène gazeuse en Allemagne*, sept. 1915 ; p. 10.)

En présence d'une complication, qui menace d'être mortelle, un Germain peut dire au blessé : attendez douze à dix-huit heures afin que je puisse établir le diagnostic d'une façon précise... ! Un latin n'aurait même pas l'idée d'une semblable réflexion dilatoire. Il manque aux biologistes et aux chirurgiens d'Allemagne un sens qui est le seul *bon* ; c'est le sens de la mesure, qui ne peut pas assimiler les certitudes mathématiques et les contingences des sciences naturelles.

Peut-être attribuera-t-on à la faculté artistique de la profession cette perspicacité, dont sont dépourvus plusieurs chirurgiens d'Outre-Rhin. Toujours est-il, qu'en France, jamais personne n'a été amené à confondre l'œdème malin avec la gangrène gazeuse. — Mais tous les chirurgiens, qui ont été aux prises avec les difficultés de la guerre 1914-1916, ont reconnu la multiplicité des formes cliniques d'une infection susceptible d'être grave, même mortelle : ils s'accordent à lui donner le nom de gangrène gazeuse.

Traitant cette question devant la *Société de Chirurgie de Paris* le 17 mars 1915, M. Depage de Bruxelles a rappelé l'opinion de M. Quénu et d'un grand nombre de chirurgiens actuels : la gangrène gazeuse ne serait pas une entité morbide ; ce serait le résultat d'une infection produite par une association microbienne de microbes anaérobies [1] dans les plaies anfractueuses et contuses. — « Si l'on ne considère que la plaie, je suis de l'avis

(1) ... pas tous anaérobies, peut-être.

de M. Quénu, ajoute M. Depage. A son niveau, en effet, on constate une multitude de microbes, dont plusieurs sont capables de produire des gaz. Mais certains d'entre eux, particulièrement le *Bacillus perfringens*, envahissent le tissu cellulaire avec une rapidité extraordinaire et y provoquent des symptômes caractéristiques : les taches bronzées ou de teinte feuille morte, répondant à une coloration noire du tissu cellulaire sous-cutané, taches que l'on voit augmenter pour ainsi dire à vue d'œil, surtout vers la périphérie ; la crépitation gazeuse ; enfin la température (élevée) ; et la fréquence du pouls. Quand on examine le tissu cellulaire, bactériologiquement, à distance de la plaie, on y trouve, au moins dans tous les cas observés par M. Depage, le *Bacillus perfringens* à l'état pur. Dans un cas, il était associé probablement avec le *Vibrion septique* ; et, dans un autre cas, au niveau de la plaie on a trouvé le *Bacille du tétanos*. M. Depage a également observé le *Bacillus perfringens* à l'état pur dans un abcès du cerveau et encore dans une pleurésie. Le *Bacillus perfringens* en continuant à se développer, amène la mort au bout de trois ou quatre jours, quelquefois au bout de quarante-huit heures. » [1]

C'est donc reconnu en France, en Belgique et probablement encore ailleurs, sous un même masque de symptômes il se rencontre des infections produites par des microbes différents, principalement le *Vibrion septique* et le *Bacillus perfringens*. Dans un rang secondaire, mais incontesté, le streptocoque, le staphylocoque et le colibacille ajoutent à la virulence des redoutables microbes anaérobies ... Pour couvrir ces diverses maladies infectieuses, qui se succèdent parfois, se combinent, ou s'enchevêtrent, il n'y a qu'un seul complexus de symptômes, que la clinique ne parvient pas encore à différencier.

Dans ce sens, *la gangrène gazeuse n'est pas une espèce morbide définie : c'est un syndrôme.*

Sans doute, on peut s'attendre à la critique de ceux qui tiennent pour absolue la pullulation des microbes de l'infection gangréneuse dans les milieux anaérobies ... Il convient d'attendre que le laboratoire fournisse à la

---

(1). *Bulletins et mémoires de la Société de Chirurgie de Paris*. Séance du 17 mars 1915 ; tome XLI ; p. 699.

clinique l'interprétation des faits, qui se rencontrent dans les formations sanitaires de la guerre 1914-1916.

« Bien que le sang soit un milieu essentiellement oxygéné, on connaît des cas d'envahissement du sang par des microbes anaérobies.

» Le *Vibrion septique* y pénètre à la phase terminale des gangrènes gazeuses.

» Rufus Coles [1] a trouvé de même le *Bacillus aerogenes capsulatus* dans un cas de gangrène gazeuse ; — Et Roger et Garnier [2] ont observé un autre microbe anaérobie dans le sang d'un individu atteint d'occlusion intestinale.

» Achalme [3] a découvert, en 1891, au cours du rhumatisme articulaire aigü, un bacille anaérobie, qui est peut-être bien, au même titre que le *Coccus* aérobie de Triboulet, l'agent des septicémies atténuées, qui constituent le syndrôme clinique de la fièvre rhumatismale polyarticulaire aigüe.

---

(1). Rufus Coles; *John Hopkins Hospital Bull.* 1902; p. 244

(2). Roger et Garnier; L'infection du sang dans l'occlusion intestinale. *Société médicale des hôpitaux de Paris* ; 20 juillet 1906 ; *Bull.* p. 870.

(3). Achalme. *Société de biologie*, 21 Juillet 1891.

M.M. Pierre Delbet et Maurice Chevassu rappellent ensuite [1] « que le *Bacille tétanique*, essentiellement anaérobie, n'a jamais été trouvé dans le sang de l'homme ; il n'agit que par intoxication générale ; il est essentiellement le microbe toxémique.

» Si nous laissons de côté les anaérobies, nous voyons, ajoutent les mêmes auteurs, que, parmi les aérobies, un seul microbe semble incapable de créer des septicémies proprement dites, c'est-à-dire de pénétrer dans le sang : c'est le *Bacille diphtérique*, qui, comme celui du tétanos, paraît être essentiellement toxémique. — Encore ne faut-il pas exagérer.... Si le *Bacille diphtérique* a l'habitude de respecter le milieu sanguin et de rester localisé à la porte d'entrée, on a pu exceptionnellement [2] le déceler, non seulement dans les viscères après la mort, mais encore dans le sang pendant la vie. » [3].

Il ne convient donc pas de devancer les recherches de laboratoire : mais il est temps

---

(1). P. Delbet et M. Chevassu : art. infections du *Nouveau traité de chirurgie* de Le Dentu et Delbet. Paris, 1907 ; I, 250.

(2). Roosen Runge, *Munchener medizinische wochenschrift*. 21 juillet 1903 ; p. 1252.

(3). P. Delbet et M. Chevassu. *l. c.* I ; 251.

de reconnaître le polymorphisme de l'infection gangréneuse.

En clinique, on peut conserver le nom de la gangrène gazeuse ; mais on doit reconnaître que ce n'est pas une espèce morbide définie ; c'est *un syndrôme.*

Un troisième.

Depuis longtemps il y a deux microbes incriminés comme pathogènes de l'infection gangréneuse : le *Vibrion septique* et le *Bacillus perfringens*. Partout on les tient pour nécessaires, mais non suffisants ; car il faut tenir compte des associations microbiennes. C'était déjà une grave contradiction opposée à la théorie de l'unicité d'une maladie vraie.

En 1896, un troisième microbe anaérobie a été présenté à l'Académie de médecine de Paris par M. le médecin-inspecteur Vincent ; — et le *Bacille fusiforme*, ou *Bacille* de *Vincent* est rendu responsable de la pourriture d'hôpital par M. J. Toubert (1) et aussi par M.M. Pierre Delbet et Maurice Chevassu (2), c'est-à-dire par un professeur agrégé du Val-de-Grâce et par les auteurs de l'une des études

(1) J. Toubert. *Précis de chirurgie d'armée*. Paris, 1900 ; p. 116.

(2) P. Delbet et M. Chevassu : art. infections du *Nouveau traité de chirurgie* de Le Dentu et Delbet. Paris, 1907 ; I, 368.

les plus approfondies de la question si complexe des infections. Il s'y trouve toute une argumentation presque récente pour contredire la prétention de spécificité de l'infection gangréneuse.

Certes, il n'y a aucune idée préconçue de la part de ceux qui écrivent : « Nous sommes aujourd'hui (1907), incapables de donner de cette infection, (la pourriture d'hôpital) une description basée sur nos observations propres ; car elle a, pour ainsi dire, complètement disparu. (1)

» Nos descriptions ne seront donc forcément que la reproduction, d'ailleurs brève, des descriptions classiques de ceux qui l'ont connue ; Delpech en 1815, Percy en 1820, Ollivier en 1822, Salleron en 1859, Legouest en 1873, Heine en 1874, Berger en 1875, Terrier en 1884, Reclus en 1890. » — Mais qui pourrait dire quel a été le microbe pathogène de chacune de ces épidémies historiques ? Les descriptions, qu'on en relit à la lumière des évènements de la guerre de 1914-1916, conduisent à y reconnaître les infections

---

(1) Que d'autres ont eu l'illusion de penser que c'était une disparition sans retour !

imputables au *Vibrion septique* ou au *Bacillus perfringens* plus vraisemblablement qu'à celle du *Bacille fusiforme*.

Cependant MM. Pierre Delbet et Maurice Chevassu ont donné, dans leur description, « une large place aux travaux de Vincent (1) : il a pu étudier, à l'aide des méthodes modernes, 47 cas de pourriture d'hôpital développés sur des convoyeurs Kabyles rapatriés en Algérie à la suite de la campagne de Madagascar ; et il a, du même coup, rajeuni cette infection un peu vieillotte, en lui donnant, aux lumières de la bactériologie, l'état civil qui lui manquait jusqu'alors. » (2)

C'est après la guerre de 1914-1916, qu'il deviendra possible de recueillir des témoignages de valeur directe ; ensuite seulement viendra la détermination d'état-civil ; et on saura pourquoi l'infection gangréneuse devient un syndrôme au lieu de rester une maladie.

On ne doit pas s'étonner qu'au bout de vingt ans de notoriété, le *Bacille fusiforme* ne

---

(1). Vincent. Sur l'étiologie et les lésions anatomo- pathologiques de la pourriture d'hôpital. *Annales de l'Institut Pasteur*. Paris, aout 1896 ; p. 488.

2) P. Delbet et M. Chevassu ; I ; 369.

soit pas traité, à l'égard de l'infection gangréneuse, sur le même pied que le *Vibrion septique* et le *Bacillus perfringens*.

M. Vincent a trouvé son microbe dans des ulcérations à tendances diphtéroïdes et gangréneuses, qui paraissent *a priori* très indépendantes de la pourriture d'hôpital, les ulcérations amygdaliennes, auxquelles on donne depuis lors le nom d'angines de Vincent. Ce même *Bacille fusiforme* a été retrouvé dans certaines stomatites ulcéro-membraneuses ; et il semble bien que le bacille, décrit en 1893 par Babès (1) dans les ulcérations du scorbut, soit semblable au bacille de Vincent. Plus récemment, Queyrat a observé des balanites ulcéro-membraneuses à bacilles de Vincent. On en arrive, au dire de M.M. Pierre Delbet et Maurice Chevassu, forcément à se demander (2) si la pourriture d'hôpital n'est pas..... un cas particulier de l'infection par le *Bacille fusiforme*. »

---

(1) Babès, Sur un bacille produisant la gingivite et les hémorragies dans le scorbut. — *Archives de médecine expérimentale* ; Paris, 1893 ; p. 607.

(2) Qu'on pose la question, c'est possible. Ce qui est forcément imposé, c'est la discrétion.

Les mêmes auteurs l'ont remarqué, « on n'est pas arrivé, jusqu'à présent, à cultiver le bacille de Vincent. Les inoculations aux animaux sont restées de même négatives, si l'on en excepte un seul cas positif obtenu par Coyon (1) en 1896. » — C'est un contraste avec les résultats acquis en clinique et en chirurgie expérimentale pour le *Vibrion septique* et pour le *Bacillus perfringens* (2)....; et on se demande comment les auteurs du *Nouv. traité de chirurgie* arrivent à conclure que « le bacille de la pourriture d'hôpital n'a pas encore fait ses p.euves d'une manière absolument concluante. » (3). Les critiques sont de cet avis, quand on vise le *Bacille fusiforme*, mais non pas quand il s'agit du *Bacillus perfringens* ou du *Vibrion septique*.

Voilà pourquoi, en matière d'infection gangréneuse, on passe souvent sous silence le bacille de Vincent ; ou bien on le range à la suite... comme « un troisième », peu fréquent et peu inquiétant.

---

(1) Coyon. Note sur un cas de pourriture d'hôpital. *Annales de l'Institut Pasteur*. Paris. novembre 1896 ; p. 660. — C'est le cas d'appliquer l'adage : *testis unus, testis nullus*.

(2). M. E. Forgue tient le *Bacillus perfringens* pour le microbe spécique de la pourriture d'hôpital.

(3) *ibidem* ; p. 369.

« A l'état normal, le *Bacille fusiforme* est un vulgaire saprophyte, remarquent MM. Pierre Delbet et Maurice Chevassu [1]..... M. Vincent l'a trouvé dans la bouche des individus sains, vingt-deux fois sur vingt-sept. On le rencontre souvent aussi dans l'intestin. — C'est seulement lorsque s'exalterait sa virulence, qu'il serait capable de provoquer des ulcérations diphtéroïdes et gangréneuses caractéristiques, soit au niveau de certaines muqueuses, bouche, prépuce, etc., soit au niveau des téguments, et en particulier des vieilles plaies : c'est alors la pourriture d'hôpital proprement dite.

» Pour que s'exalte sa virulence, il faut au *Bacille fusiforme* deux conditions.

» La première est une association microbienne. — Si, dans quelques cas, le bacille de Vincent paraît agir tout seul, il semble le plus souvent n'agir qu'associé avec d'autres microbes, avec le staphylocoque, le streptocoque, le pyocyanique [3], mais surtout avec

---

(1) *ibidem*. pp. 369-370.

(2) Oui en temps de paix. — Non en temps de guerre, où il s'agit d'une complication des plaies récentes.

(3). M. Rappin avait décrit le *Bacille pyocyanique* comme

un spirille, que M. Vincent a rencontré dans la plupart des cas. Le *Bacille fusiforme* et ce spirille semblent constituer, à eux deux, une véritable symbiose fuso-spirillaire. Le rôle de ces associations explique, au dire de MM. P. Delbet et M. Chevassu, que cette pourriture d'hôpital, (celle que détermine le *Bacille fusiforme*) n'apparaisse guère en dehors de vieilles plaies suppurantes.

» La deuxième condition est l'affaiblissement du terrain sur lequel doit évoluer l'infection. — L'inoculation de pulpe de pourriture d'hôpital (de cette sorte) à des sujets sains,.... et M. Vincent n'a pas craint d'en tenter l'expérience sur lui-même,..... reste, en général, sans effet.» (1).

Les Allemands ont confondu naguère la vraie diphtérie des plaies et la forme diphtéroïde de l'infection gangréneuse, « Heine (2)

---

si c'était le microbe pathogène de la pourriture d'hôpital. (Sur l'étiologie de la pourriture d'hôpital. *Gazette médicale de Nantes* ; 12 août 1895.)

Si son avis avait trouvé crédit, c'eût été «un quatrième»... et la liste n'est pas close ; car les espèces sont diverses et même successives dans les foyers d'infection gangréneuse.

(1). *ibidem* ; I ; p. 370.

(2). C. Heine. *Handbuch der allgemeinen u speciellen chirurgie* de Pitha et Billroth. 1874, baud X.

leur a reconnu la même cause en 1874 ; et il assigne la même structure aux deux fausses membranes. Une foule d'auteurs citent des cas, dans lesquels on a vu coïncider des épidémies de diphtérie et des épidémies de pourriture d'hôpital [1] ; ils relatent des observations de médecins ayant contracté la diphtérie près de malades atteints de pourriture d'hôpital. Cet accident est arrivé à Heine lui-même et à une personne de sa famille qui était venue le visiter. Tous deux se rétablirent ; mais le professeur Weber ne fut pas aussi heureux : il remplaça Heine dans son service, y contracta comme lui une angine couenneuse et en mourut le sixième jour. De pareils faits valent la peine qu'on les examine, » remarque Jules Rochard ; et c'est juste.

Au point de vue clinique, il est certain qu'il n'y a pas la moindre analogie. — La fausse membrane du croup et de l'angine couenneuse, celle qui se forme à la surface des vésicatoires et des plaies chez les malades atteints de diphtérie, ne ressemble en rien au détritus feutré, gris, tremblotant, qui recouvre

---

(1). Les coïncidences ne peuvent avoir de valeur qu'en confirmation de véritables arguments.

les plaies envahies par la pourriture d'hôpital. — La fausse membrane diphtéritique une fois tombée laisse bien à découvert une muqueuse parsemée de points sanguinolents, dépouillée de son épithélium, mais saine et prête à en sécréter un nouveau. Elle peut se couvrir d'une exsudation nouvelle sans perdre son intégrité ; et jamais la maladie ne la franchit pour atteindre et détruire les tissus sous-jacents. Il en est de même de la diphtérie cutanée. — La pourriture d'hôpital est une maladie toute locale ; son infection ne règne que dans la plaie, » écrivait J. Rochard : mais ce n'est vrai que pour la période de l'exsudat, — « La diphtérie est une intoxication, dont les effets se portent successivement sur plusieurs muqueuses, sans qu'il y ait entre elles de communications directes.... » (1) Quand on envisage la fausse membrane diphtérique, on dirait qu'une substance, d'abord liquide, s'est coagulée dans un interstice entre deux couches d'éléments cellulaires. La fausse membrane diphtéritique, formée d'éléments épithéliaux, est supportée pas une muqueuse

(1). Jules Rochard, art. pourriture d'hôpital du *Nouv. dict. de méd. et de chir. pratiques* de Jaccoud, Paris. 1880 : XXIX, 494-495.

presque intacte ; et elle diffère ainsi de la couche pultacée de la pourriture d'hôpital, puisque celle-ci est constituée aux dépens de tous les tissus. (1) Et Jules Rochard, en 1880, concluait que la pourriture d'hôpital doit être considérée, .. jusqu'à plus ample informé, comme une maladie *suigeneris*, dont l'élément spécifique, de nature probablement parasitaire, est encore à découvrir.

Depuis J. Rochard, la découverte est réalisée... « mais ils sont trop ! »

C'est parce qu'ils ont envisagé « le troisième » que les auteurs du *Nouveau traité de chirurgie* ont pu conclure : « Nous pensons qu'à l'heure actuelle aucun cas de pourriture d'hôpital ne doit être diagnostiqué sans qu'on ait eu la confirmation bactériologique..... Il est possible que certains ulcères de jambe, particulièrement atones et mal soignés, que certaines escarres laissées sans surveillance puissent présenter la teinte livide et le vernis opalin qu'on donne comme caractéristiques. Encore importerait-il de faire, par le micros-

---

(1) *ibidem*. XXIX, 497.

cope, la preuve de la nature véritable de pareilles complications » [1].

Au contraire, les mêmes auteurs ont envisagé les deux premiers microbes pathogènes, les vrais, par comparaison au troisième lorsqu'ils ont témoigné leur inquiétude...... « Depuis l'antisepsie, l'encombrement ne fait plus apparaître de pourriture d'hôpital. — En serait-il de même dans les encombrements fantastiques, qui suivraient les horreurs d'une guerre future ? ..... La série des cas observés par Vincent à la suite de la campagne de Madagascar nous montre néanmoins qu'il serait imprudent de proclamer que la pourriture d'hôpital a disparu pour toujours ! » [2]

On ne l'a que trop constaté dans les formations sanitaires de la guerre de 1914-1916 ; mais les cliniciens, qui ont pratiqué dans les services de l'arrière, n'ont pas eu besoin de confirmation bactériologique pour établir leur diagnostic sur des bases irréfutables ; et ils ont soigné leurs blessés en conséquence, hardiment et généreusement, sans souci de faire la preuve par le microscope.

---

(1). *ibidem* ; I ; p. 374.
(2). *ibidem* ; I ; p. 369.

Plus tard on a su que les formes tragiques de l'infection gangréneuse sont dues au *Vibrion septique* ou au *Bacillus perfringens* ; tandis que les formes bénignes sont parfois, non toujours, imputables au *Bacille fusiforme*.

Parce que ce « troisième » a été mis en ligne, on a compris davantage qu'une infection aussi diverse dans sa causalité microbienne, aussi variable dans ses formes cliniques, dans son évolution, et jusque dans ses récidives, n'est pas et ne peut pas être tenue pour une maladie, une espèce morbide délimitée : c'est un *syndrôme*.

Une balle retournée.

Il y a eu des controverses sur la question de savoir ce que produit une balle allemande retournée. La pratique n'en a pas été générale. Tandis que les chirurgiens de l'Armée belge en ont rencontré, en même temps que les chirurgiens de l'Armée française, et en ont trouvé des preuves matérielles au fond des plaies des blessés venus de la région de l'Yser et de l'Yperlée, il en a été autrement sur le front de Lorraine.

Dans leurs « notes de chirurgie de guerre », M.M. Th. Weiss et Georges Gross (de Nancy) en ont rendu témoignage devant la *Société de chirurgie de Paris.* (1) « Ils n'ont pas constaté l'emploi de balles dum-dum par l'armée allemande. Sans nier, disent-ils, ce qui a été constaté dans quelques cas, l'usage en a certes été rare (2) ; et l'on s'explique l'erreur dans laquelle sont tombés un certain nombre

(1) *Bulletins et mémoires de la Société de chirurgie de Paris :* séance du 27 janvier 1915 ; t. XLI; pp. 158 à 161.

(2). Cette rareté se rapporte à l'Hôpital militaire Sédillot de Nancy. En janvier 1915, il y était passé déjà 1913 blessés.

d'observateurs non avertis, en étudiant les phases successives de la déformation, de la fragmentation des projectiles allemands sur les douze radiographies que les chirurgiens nancéens présentent à la *Société de chirurgie de Paris*. On pourra constater que la balle allemande se déforme assurément plus facilement que la balle française (1). On la voit commencer à se fragmenter à sa base, se déchemiser, ou même éclater complètement sur un corps très dur, comme la ligne âpre du fémur. Les auteurs de Nancy ont remarqué une particularité curieuse : les cas représentés par leurs radiographies 10 et 11 ont évolué sans accidents graves, malgré l'éparpillement des fragments et ne se sont nullement comportés comme des blessures par balles dum-dum.

« Nous pouvons ajouter, concluent-ils, que nous avons également observé des effets explosifs sur les blessés allemands, que nous avons eu à soigner au nombre de 322 ; et on ne nous soupçonnera pas, je pense, d'avoir

---

(1). La balle française est massive, toute en cuivre rouge. La balle allemande est cylindro-conique, avec une chemise en maillechort. La balle belge et la balle anglaise ont aussi une chemise de même sorte ; mais leur terminaison n'est point conique : — il n'est pas pratique, il n'est même *pas possible* d'en faire le retournement.

employé des balles interdites par la Convention de La Haye » — Il faut donc se garder d'une généralisation, qui serait une injustice.

On sait que le retournement de la balle n'a pas été prévu par la Convention internationale de La Haye, avec ses conséquences meurtrières.

On sait aussi que, dans l'Armée Belge, après avoir constaté les caractères particuliers de la plaie et après avoir fait les trouvailles révélatrices, on a fait des expériences. Les chirurgiens militaires et les officiers d'artillerie se sont servis des fusils et des munitions pris aux Allemands ; et ils se sont rendu compte des effets produits, tant sur les cadavres que sur des animaux vivants. — Les résultats de la chirurgie expérimentale sont venus en concordance avec ceux de la clinique.

On sait surtout que les prisonniers de guerre ont maintes fois raconté et montré comment les soldats allemands pratiquent le retournement de la balle, très facilement au moyen du fusil, moins facilement pour leurs mitrailleuses.... On a même connaissance d'une consigne militaire donnée à ses hommes par un officier allemand.

Entre les allégations sommaires et les dénégations intéressées, il y a place pour le récit très simple d'un des nombreux faits, qui ont été observés en public, c'est-à-dire par dix ou quinze témoins techniques et par une cinquantaine de personnes moins compétentes.

Le soldat Auguste M., de la classe 1910 était valet de chambre au château de « mon domaine » à Nazelles (Indre-et-Loire), lorsque la mobilisation l'a incorporé au 66e Régiment d'infanterie de ligne ; 4e Compagnie Le 19 novembre 1914, vers 9 h. 10 du matin, il venait de sortir de la tranchée pour chercher du bois ; il faisait un geste de marche, lorsqu'il a été atteint par une balle ; c'était le moment, où il avait le pied gauche en avant et présentait son côté gauche à la tranchée ennemie. Une première fiche est établie en ces termes : 1° plaie et fracture de la cuisse du côté gauche ; 2° autre plaie de la cuisse du côté droit. (Les deux premiers pansements sont secs) D'ailleurs, le soldat ne se plaint pas ; il est calme et se prive de tout mouvement Il est laissé sur le même brancard depuis le poste de secours le plus voisin de la tranchée jusque dans la salle d'opérations de l'hôpital militaire permanent de Calais.

Le 20 novembre 1914, le blessé est observé à l'infirmerie de gare de Calais-triage : là il reçoit une seconde fiche, qui porte ces indications : « ... hémorragie. Pansement à refaire d'urgence... »

En effet, le soldat, encore vêtu de sa capote militaire et garni d'une ample et bonne couverture de laine, a le visage très pâle, les lèvres décolorées ; et il souffre de la soif, en même temps que d'un hoquet fatigué. Par le sang, qu'il a perdu dans son transport et qui est coagulé, puis séché, la peau de l'homme se trouve littéralement agglutinée aux vêtements sous-jacents ; et ceux-ci sont collés à la toile du brancard. Aucun moyen de contention ne se trouve à hauteur du foyer de fracture ; et le blessé ne souffre aucunement de cette privation ; il est dans un état trop voisin de la syncope. Le membre inférieur gauche est raccourci d'environ vingt centimètres ; et le pied, qui a d'ailleurs conservé sa couleur normale, repose inerte sur son bord externe. A la faveur de ces conditions de repos et d'immobilité pour toute la durée du transport du blessé, l'hémorragie n'a pas récidivé.

Cependant, il y avait des précautions à prendre pour installer le blessé sur la table à opérations sans l'exposer à une nouvelle perte de sang. Un infirmier choisi a soutenu le soldat par les deux épaules, un autre a soulevé doucement le pied et la jambe du côté fracturé ; un autre a fait de même pour le côté le moins blessé. Ce n'est pas sans de réelles difficultés, que le chirurgien a procédé lui même aux soins, qui ont décollé l'arrière du pantalon rouge d'avec les pans de la capote : la manœuvre fut obtenue sans secousse. Le brancard, conservant la capote accolée à sa toile, fut replié adroitement en un quart de tour appliqué sur les pieds de la table ; et le patient fut déposé avec ensemble et immédiatement entouré de boules chaudes et de couvertures nouvelles. Après un instant de transition, tous les autres soins sont devenus faciles, jusque et y compris un grand et abondant nettoyage savonneux tiède.

Dès cette première exploration, on reconnaît sans hésitation le trou d'entrée de la balle : il est étroit, avec des bords nets, vers le milieu de la face externe de la cuisse du côté gauche. — La plaie de sortie est un vaste délabrement de 18-20 centimètres, qui a détruit les deux premiers muscles adducteurs, le droit interne, en même temps que les vaisseaux fémoraux et surtout la diaphyse de l'os. — Une troisième plaie existe dans la portion interne de la cuisse du côté opposé, celle du côté droit : cette plaie, située un peu plus en arrière que l'autre, est profonde de 8-10 centimètres, large de 5-6 ; elle dilacère les muscles demi-membraneux et demi-tendineux du côté droit, sans actuelle hémorragie.

Le doigt explorateur n'y rencontre pas beaucoup de corps étrangers ; mais il en touche un, qui est profondément situé, avec une consistance dure et une forme imprévue. C'est en vain que le doigt chirurgical s'efforce à plusieurs reprises de le contourner pour le dégager et pour l'amener au dehors : le corps étranger est retenu aux fibres charnues par une sorte d'accrochage et le doigt ne peut que se borner à soutenir et à présenter l'objet, tandis qu'une pince vient le saisir, puis l'extirpe aisément de la profondeur de la plaie.

On y reconnaît d'emblée le cône terminal de la chemise en ferro-nickel d'une balle allemande « dumdumisée » selon l'expression de M. Tuffier. On voit que cette gaîne est complètement vidée de son contenu malléable; et on touche son bord tranchant et irrégulier : c'est ce bord qui détermine les dilacérations des parties molles, et surtout les plaies vasculaires toujours graves et si souvent mortelles.

Deux fois par jour, les irrigations et les pansements sont renouvelés à l'eau oxygénée. Des injections hypodermiques de même nature sont réparties en couronne à la racine du membre inférieur du côté gauche, parce qu'on a vu des gaz dans la plaie, et parce qu'on a reconnu un commencement de l'odeur de gangrène gazeuse.

A partir du 22 novembre 1914, il y est ajouté des injections de gaz oxygène dans le foyer et dans tout son pourtour. Ce soin est fréquemment renouvelé.

Pendant ces premiers jours, malgré le choix de l'alimentation et l'usage du vin de champagne, la débilité persiste avec le hoquet et l'anorexie.

Le 27 novembre 1914, les symptômes de la gangrène gazeuse semblent disparus : mais il y a un abcès en arrière et en dehors de la plaie d'entrée. Tandis que le blessé est endormi par quelques bouffées de chloroforme, l'abcès est ouvert et draîné. Puis, l'occasion est mise à profit pour retirer, du fond de la vaste plaie, six esquilles libres, dont chacune mesure 2 × 4 centimètres, ensuite six autres de moindres dimensions. Toutes les esquilles trouvées adhérentes sont laissées en place, après un copieux lavage de tout le foyer, d'abord à l'alcool, puis à l'éther

Les 28 et 29 novembre 1914, les pansements ne sont renouvelés qu'une seule fois.

Le 30 novembre 1914, le soldat Auguste M. est devenu anxieux, au lieu de conserver son caractère calme, discret, toujours disposé à répondre aux soins de son entourage. Il insiste sur la dépression de ses forces, à tel point qu'il demande à différer le renouvellement de son pansement jusque vers le soir. C'est dans ces conditions défectueuses, qu'on reconnaît une tuméfaction avec induration dans une partie de la plaie. Il n'y a aucune crépitation gazeuse ; mais la couleur est foncée, presque framboisée ...., noirâtre, là où la consistance est dure. Il s'y ajoute une hyperesthésie notable, non seulement dans cette portion, mais aussi dans tout le reste de la plaie L'anorexie, temporairement atténuée, devient tenace et se complique d'un impérieux besoin de repos, lequel contraste avec l'énergie du caractère de ce soldat.

Le 1er décembre 1914, la portion supérieure de la cuisse du côté gauche est devenue dure, lignoïde, dans tout son pourtour, sans rougeur des téguments, sans chaleur locale et presque sans hyperesthésie. Dans la matinée, il survient un vomissement. — Dès qu'on découvre les plaies, on reconnaît un exsudat blanchâtre, qui revêt toutes les surfaces cruentées, sans adénopathie secondaire, mais avec induration de la cuisse dans sa presque totalité. En raison de cette complication diphthéroïde, le blessé est immédiatement transporté dans son lit, et placé dans une chambre d'isolement.

Tandis qu'on renouvelle le pansement, on discerne l'odeur caractéristique de la gangrène gazeuse ; et on trouve les portions déclives baignées dans une abondance de liquide d'aspect séreux : ce n'est pas du pus ; c'est un liquide incolore, transparent, dans lequel on voit se coaguler des albumines. En aucun point du membre on ne constate la couleur noire, ni la consistance spongieuse de la gangrène gazeuse confirmée. — Dans le but d'économiser les forces du patient, on simplifie tous les détails du pansement. Le naphtol camphré est disposé sur des compresses de gaze aseptique et introduit à la suite de l'index explorateur sur toutes les surfaces diphthéroïdes de la vaste plaie. Ce soin donne occasion au chirurgien de reconnaître la chaleur locale dans la profondeur du membre, là où les tissus sont hyperesthésiques ; mais le soldat supporte en silence le pénible contact du doigt, puis du pansement. La répartition des compresses permet de suivre, en même temps, les contours des masses musculaires sectionnées, et leurs interstices : cette palpation démontre une généralisation du processus morbide, la propagation de son exsudat dans tous les recoins d'une masse volumineuse, dont la comparaison s'impose avec quelques fibro-sarcômes, dont les gros lobes sont ulcérés et végètent en une prolifération champignonneuse. Les cavités, dont les parois sont enduites de naphtol camphré, sont ensuite remplies de gaze aseptique ; enfin la cuisse est replacée, avec une ample nappe d'ouate, dans la pièce métallique, qui fait office de gouttière de cuisse, tandis que le pied est soutenu en équilibre au moyen d'une attelle d'équerre en bois. — Après avoir reçu ces soins, le blessé tombe dans une dépression profonde ; puis il est repris de vomissements : et ceux-ci deviennent incessants : c'est pourquoi il n'accepte plus d'aliments, ni de boissons. Il lui est fait une injection hypodermique de sérum artificiel, puis une autre de caféine.

Quelques heures plus tard, les vomissements se renouvellent ; plusieurs fois, ils consistent en mucus verdâtre, foncé en couleur. Le patient devient somnolent ; il recherche l'obscurité. Puis il souffre d'une dyspnée pénible, en même temps que le pouls devient faible, irrégulier, parfois très rapide. Les bruits du cœur sont difficiles à entendre, inconstants et sourds, comme il advient dans les endomyocardites de cause infectieuse. Vers 18 heures, les mains se refroidissent et le blessé n'a plus la force de parler. La mort survient à 18 heures 20.

A l'autopsie, on retrouve la perte de substance de la diaphyse du fémur gauche, vers le tiers supérieur ; elle mesure une longueur de 6 × 8 centimètres. Des dix ou douze esquilles demeurées adhérentes, les unes sont longues et répondent à la ligne âpre ; les autres sont courtes et proviennent des autres portions de l'os. Dans toute la vaste plaie, il ne reste plus d'exsudat. Ce n'est plus qu'un antre gangréneux ; tout y est d'un noir verdâtre; d'une consistance molle, friable, parfois pultacée, parfois diffluente déjà seize heures après la mort. Il est difficile d'y reconnaître les éléments anatomiques, même l'artère fémorale. On ne peut plus déterminer que les portions les plus résistantes des aponévroses et des insertions tendineuses à la ligne âpre. Tout le reste tombe en deliquium dans une étendue qui répond aux deux tiers supérieurs de la cuisse. Cette portion est d'ailleurs augmentée de volume ; et ses téguments, de couleur verdâtre, marbrée, portent de larges phlyctènes, qui abandonnent tout l'épiderme sous l'action du moindre contact. Le liquide spontanément écoulé du foyer septique est tellement copieux, qu'il souille le sol sur une large étendue. Les gaz sont relativement moins abondants ; mais ils sont très-fétides : ils forment des bulles, qui subsistent parmi les débris putrilagineux, soit à cause de la viscosité du liquide albumineux, soit à cause de la transparence de quelques lames de tissu cellulaire.

Deux phases de la complication septique ont donc prédominé tour à tour : d'abord la gangrène gazeuse, ensuite une pseudodiphtérie des plaies, et enfin, de nouveau la gangrène gazeuse, à tout le moins *post mortem*.

Ce sont les particularités du foyer traumatique, qui, par les hémorragies et les dilacérations, ont augmenté la virulence de l'infection multimicrobienne. — Ces particularités sont les conséquences directes de l'action de la chemise en ferro-nickel. Celle-ci, après le heurt de la balle dumdumisée sur une portion éburnée du squelette, a toute la valeur dilacérante d'un instrument tranchant serreté : elle agit à la façon d'un canif, qui s'ouvrirait dans la profondeur de la plaie et dont les lames seraient toutes ébréchées et transformées en bords de scies.

La balle allemande, qui est humanitaire quand on la présente au public, devient, par son retournement, la balle hypocritement meurtrière de l'espèce la plus néfaste !

D'autres établiront si le fait du retournement de la balle allemande a été parfois imputable au commandement et non pas à la haineuse initiative des hommes de troupe de Kultur.

Qu'il suffise d'établir que l'authenticité du procédé a été bien des fois constaté par des chirurgiens et par de simples infirmiers dans plusieurs secteurs du front.

Quand une radiographie montre la région blessée criblée de parcelles métalliques minuscules, elle prouve une aggravation de la blessure, qui ne se borne pas à mettre l'adversaire hors de combat, comme le fait un trajet en séton ; elle démontre une dissémination de projectiles dans le corps de l'adversaire, à la manière des balles qui doivent faire explosion dans le corps des animaux féroces, dont on poursuit l'impitoyable destruction.

Il en existe une autre preuve, lorsque le doigt, qui palpe les profondeurs de la plaie, rencontre les grains rugueux et irréguliers du métal friable, qui forme le lingot central de la balle allemande, et qui se sépare automatiquement d'avec la chemise, ductile et mince, qui se déchire fatalement au moment où le culot frappe un corps dur comme une diaphyse osseuse..... La vérification en a été faite bien des fois, en se servant d'un fusil allemand et d'une balle allemande retournée.

Il y a eu d'ailleurs des témoignages de prisonniers allemands, pour indiquer nettement leur intention de rendre leur balle plus efficace, parce qu'elle est plus meurtrière. Dans leur esprit, c'est un mérite, c'est une supériorité de leur armement : et ils en parlent avec un enthousiasme qui témoigne de leur orgueil pangermaniste....., tandis que d'autres, conscients de leur criminalité systématique, s'efforcent d'opposer quelque dénégation plus ou moins malhabile.

Mais il y a plus meurtrier encore que la balle retournée : c'est la balle explosible, dont se servent non seulement les Allemands, mais aussi et surtout les Autrichiens, les Bulgares et les Turcs.

» Un neutre, qui revient de Valjevo, un médecin hollandais, le docteur A. Van Tienhoven, de la Haye — rapporte un quotidien de nov. 1915, — docteur qui a servi bénévolement en qualité de chirurgien dans une ambulance serbe, a eu à traiter de nombreuses blessures faites par des balles explosibles autrichiennes et allemandes. Les constatations qu'il a faites forment un implacable réquisitoire.

» Contrairement aux balles dum-dum de la plus terrible espèce, trouvées sur des Allemands internés aux Pays-Bas, mais qui, toutefois, ne sont dangereuses que dans des combats à courte distance, la véritable balle explosible, avec laquelle les Autrichiens chargent même leurs mitrailleuses, occasionne à toutes les distances, des blessures mortelles.

» La radioscopie a permis, dans certains cas, au docteur Van Tienhoven, le diagnostic irréfutable qu'il avait à faire, soit en constatant sur l'écran la présence du matériel explosif, soit par l'aspect particulier des esquilles de l'os. L'orifice d'entrée est souvent étroit. Cependant, quand la balle a immédiatement touché un os, par exemple le tibia, on observe une blessure de grande dimension. Le plus souvent l'os est tellement fracturé qu'il ne faut pas songer à une réduction. Il est arrivé, qu'à cause de la déchirure des vaisseaux, la gangrène se déclarait très vite aux extrémités ; ou bien les blessures étaient contaminées à tel point, qu'on était obligé de recourir à une amputation primitive.

» Dès son retour dans son pays d'origine, le chirurgien hollandais a prié un expert d'artillerie de vouloir bien examiner les balles, qu'il avait eu la précaution d'emporter comme pièces à conviction Le jugement de ce spécialiste, après qu'il eut ouvert les cartouches, est formel. La balle, longue de 40 millimètres, contient un cylindre rempli d'un gramme d'un mélange de chlorate de potasse et de sulfure d'antimoine. Le heurt de la balle atteignant son but, détermine le choc du percuteur contre le cylindre, ce qui provoque l'explosion »

Les autrichiens, pour s'excuser, ont prétendu que cette balle servait seulement à rectifier le tir. Mais leur explication s'évanouit quand on songe que le mélange de chlorate de potasse et de sulfure d'antimoine est un détonant sans fumée ; et que, conséquemment, la cartouche, qu'ils disent susceptible de fournir des renseignements sur la distance parcourue, est incapable de procurer un point de repère jusqu'à son arrivée ; elle explose sans produire de signes extérieurs visibles de son éclatement. Les austro-allemands ajoutent ainsi la fourberie à leur brutalité. Il n'y a rien d'étonnant dans la superposition, puisque cette psychologie est inhérente à leur *Kultur*.

Perplexités

Tout n'est pas fait, lorsqu'on a vu la réelle efficacité des médicaments astringents pour le traitement local de la gangrène gazeuse. Il reste à trouver la forme utile et le mode d'emploi.

La poudre d'alun est d'un maniement facile sur les surfaces horizontalement présentées ; mais elle roule, glisse et tombe des autres régions. — Le tannin n'est pas utilisable dans les mêmes conditions, parce qu'il donne des eschares noires, très compactes, qui constituent un vernis imperméable, une cloison étanche, derrière laquelle les microbes anaérobies.évoluent dans des conditions déplorablemeut propices. Les eschares produites par l'alun sont avantageuses en ce qu'elles sont friables : dès qu'elles s'effritent, elles laissent des interstices, par lesquels le sel pénètre, étant dissous par la sanie, qui suinte du foyer morbide, pourvu qu'il se trouve en abondance et presque dans le foyer.

La consistance de miel est la seule qui

permette de répartir un médicament, aussi aisément au-dessous qu'au-dessus d'un membre blessé. Sans doute les pommades et onguents réalisent bien cette consistance ; mais ce sont des agents médicamenteux, qui ne peuvent agir qu'en surface : les matières grasses et résineuses ne sont pas miscibles aux liquides de l'organisme ; et la vaseline l'est encore moins que les autres. Seule la lanoline hydratée est acceptable et pourra être utilisée. Quand à la glycérine, elle dissout bien le tannin, mais non l'alun. Reste le miel, miel commun, miel roux, dont les Égyptiens de l'antiquité se sont beaucoup servi ; mais l'égyptiac, après une vogue séculaire, est déchu au rang des drogues relégués pour les animaux, c'est-à-dire pour la médecine vétérinaire.

Pendant la guerre de 1870-1871, on s'est beaucoup servi d'un astringent végétal très mitigé par cette formule : quinquina gris, charbon végétal, camphre en poudre, parties égales. Cette poudre noire donne un pansement inélégant, parce qu'il en faut de grandes quantités et parce qu'il faut le renouveler trois ou quatre fois par jour et parce qu'à travers cette poussière noire encombrante, on ne discerne pas aisément comment évolue le processus morbide. Cependant, tous ceux qui en ont alors fait usage, ont reconnu son incontestable valeur.

Toutefois, quand on sait la supériorité de l'alun, on persiste à rechercher une forme, qui permette de le manier avec une sûreté et une efficacité plus grandes. Or ce sel, qui a l'inconvénient d'être peu soluble à la température ordinaire, a l'avantage d'être très soluble à chaud ; et sa solution chaude n'altère pas la peau des mains du chirurgien, ni des infirmiers; et elle ne répugne à personne. Donc il est indiqué de se servir de cette ressource, avec l'ennui des renouvellements très fréquents.

Le onze février 1915, près d'Ypres, un obus vient à éclater dans la tranchée. Quatre éclats atteignent, par derrière, le soldat Arthur M... (cultivateur) du 156e Régiment d'infanterie, 3e bataillon, 11e compagnie, domicilié à Villebleuvin, canton de Pont-sur-Yonne (Yonne) Le premier pansement est improvisé dans la tranchée par un caporal brancardier. Le suivant est renouvelé méthodiquement au poste de secours ; et le blessé arrive à l'Hôpital militaire permanent de Calais pendant la nuit du vendredi 12 au samedi 13 février 1915.

Au moment de son entrée, Arthur M. ne présente pas de signes inquiétants. Quatre plaies sont réparties sur les deux fesses et distancées les unes des autres Chacune présente une dimension d'un à deux centimètres et des bords nets, comme s'ils étaient faits par instruments tranchants L'une des plaies s'arrête à la couche graisseuse sous-cutanée et ne pénètre même pas jusqu'à l'aponévrose. Dans la seconde, le corps étranger (c'est bien un éclat de fonte, ou d'acier, de l'obus) est simplement accroché aux fibres aponévrotiques : il est extirpé aisément. Les troisième et quatrième plaies pénètrent profondément dans les fesses : mais on s'abstient d'une exploration peu utile et que le jeune soldat redoute sans dire ses motifs.

Le 13 février 1915, après une nuit agitée par de vagues douleurs étendues à toute la cuisse du côté droit, le blessé présente une température de 39°7, un facies terreux, une langue sèche et un endolorissement étendu depuis la hanche jusqu'au delà du genou du côté droit. En effet, sans qu'il existe aucune plaie à ce niveau, une vaste plaque d'érysipèle bronzée s'étale, depuis le périnée jusque sur la face interne du genou. La peau est épaissie, indurée, sensible au contact ; les bords de cette plaque sont, presque partout, nettement délimités par des contours festonnés. Dans toute cette région, le blessé éprouve une pénible sensation de distension et de chaleur, spécialement vers les portions les plus centrales, lesquelles sont plus foncées en couleur, plus saillantes et plus chaudes que les autres. Sans temporiser, on fait, pendant la chloroformisation, une nombreuse série de pointes de feu pénétrantes sur toute l'étendue de la région malade, et aussi dans tout son pourtour ; puis on lotionne toute cette surface au moyen d'éther camphré ; — enfin, on enveloppe le membre au moyen de vastes compresses imbibées d'une solution saturée chaude d'alun, avec la précaution de maintenir la température de la solution aussi chaude que possible, et surtout de conserver cette température par un large enveloppement, qui déborde les compresses, au moyen d'un tissu imperméable et souple. — De quatre en quatre heures, on renouvelle ces deux soins ; le lavage à l'éther camphré est mené rapidement et les compresses de solution saturée d'alun sont très chaudes. Cinq fois, le pansement est ainsi renouvelé avec une exactitude ponctuelle.

Le 14 février 1915, le blessé demeure fatigué ; mais il semble moins anxieux. Dès 8 heures on remarque que la couleur bronzée est supplantée par une teinte d'un blanc mat au pourtour de chaque brûlure. Ce résultat coïncide avec une défervescence temporaire. Toutefois, il subsiste une tuméfaction exagérée vers la portion centrale du foyer primitif ; et il s'ajoute un commencement de récidive en deux ou trois points du pourtour. — Pendant la chloroformisation, il est fait une seconde et abondante application de pointes de feu pénétrantes dans chacune des portions menacées. Pendant la même anesthésie générale, les brûlures par le thermocautère sont renouvelées au fond de chacun des puits déjà constitués au centre de la plaque de gangrène gazeuse, là où la peau est demeurée chaude, tendue et brunâtre : le couteau en ignition est maintenu, ou réintroduit, dans le puits aussi longtemps que son fond donne une sensation dure, rénitente. A plusieurs reprises, on en voit sortir des gaz, en même temps qu'un liquide transparent et un peu visqueux. — Tandis que le blessé est endormi, la plaie de la fesse de ce même côté droit est explorée pour la première fois : cette plaie est si étroite, que l'index n'y pénètre pas ; mais l'auriculaire en discerne les anfractuosités ; puis il rencontre la portion inférieure de l'ischion réduite en nombreux fragments, dont plusieurs sont poussiéreux et libres, tandis que d'autres débris restent adhérents. Rapidement, il est pratiqué un large débridement ; puis la plaie est explorée de nouveau : à douze centimètres de profondeur, on n'atteint pas encore le fond ; et on ne ramène malheureusement aucun corps étranger, ni débris de vêtement, ni éclat d'obus. Le pansement de cette plaie consiste en une mèche de gaze blanche, imbibée de baume du Pérou pur et poussée aussi profondément que possible. — Un autre débridement est ensuite pratiqué pour la plaie de l'autre fesse, laquelle ne pénètre pas jusqu'à l'os iliaque, mais se termine dans l'épaisseur du grand fessier. Le pansement est aussi au baume du Pérou.

Ce même jour, 14 février 1915, vers 15 heures, il survient quelques vomissements ; la température monte à 40°, 3 ; et on discerne deux foyers de récidive, l'un et l'autre sur le bord de la plaque primitive. Immédiatement, on recommence la chloroformisation ; et on fait une paquelinisation pénétrante : c'est la troisième ; et ce traitement local s'étend à toute la cuisse, dans presque tout son pourtour, à une grande partie du genou et à tout le creux poplité. A partir de ce moment, les enveloppements à la solution chaude d'alun sont renouvelés à des intervalles de 5 heures.

Le 15 février 1915, le facies est devenu bon ; la température du matin est 37° ; le blessé a une évacuation alvine, dont la fétidité intense est manifestement pathologique ; il constate avec quelque joie la récupération des mouvements de son membre inférieur du côté droit jusque là inerte et pesant ; pour la première fois, il demande des aliments. Les enveloppements chauds de la cuisse par la solution saturée d'alun sont encore renouvelés quatre fois ce 15 février 1915.

A partir du 16, ces soins se succèdent seulement à huit heures et à 20 heures, tandis que les pansements des deux plaies des fesses sont renouvelés une seule fois chaque matin, au moyen des mèches de gaze, dont le sommet est imbibé de baume du Pérou pur. Les régions circonvoisines sont lotionnées, soit à l'éther camphré, soit à l'alcool à 90°.

Le 20 février 1915, il n'est plus reparu aucun signe d'érysipèle bronzé, ... ni de gangrène gazeuse. Les plaies thérapeutiques présentent les caractères habituels de brûlures au quatrième degré à la période de différenciation des eschares. C'est pourquoi les applications chaudes de la solution saturée d'alun sont remplacées par des compresses imbibées d'une pommade composée de : baume du Pérou, camphre et oxide de zinc, aâ 10, lanoline hydratée 150. Dans les deux plaies profondes, les pansements sont encore au baume du Pérou pur.

Le 23 février 1915, le blessé, désormais sans inquiétude, s'alimente abondamment ; il a récupéré ses mouvements, bien qu'il ne les achève pas complètement. A partir de cette date, les pansements des plaies traumatiques sont quotidiens à la pommade : baume du Pérou, camphre et eucalyptol : aâ 10, lanoline hydratée 150. Celui des plaies de paquelinisation est au sparadrap diachylon ; et il est renouvelé à des intervalles de deux ou trois jours, avec ou sans lotion à l'éther camphré, selon les circonstances.

Le 25 février 1915, quelques esquilles sont ramenées de l'ischion du coté droit ; et cette plaie demeure fistuleuse.

Le 26 février, le blessé quitte le lit pour

la première fois.

Quelques semaines plus tard, la plaie traumatique de la fesse du côté gauche achève de se cicatriser ; et il en est bientôt de même de toutes les brulûres de cautérisation.

Dès le commencement d'avril, le convalescent commence à sortir et à se promener.

Le 20 mai 1915, on entreprend l'enlèvement d'une esquille et aussi de l'éclat d'obus, qu'une radiographie permet de localiser près de la bifurcation externe de la ligne âpre, derrière le grand trochanter.

Le 24 mai, un érysipèle intercurrent est traité par des badigeons de teinture d'iode.

Le 28 juin, une autre éruption d'érysypèle simple reçoit le même traitement et se termine le lendemain.

Le 29 juin, le membre inférieur du côte droit, maintenu dans l'immobilité depuis plus d'un mois, est devenu rigide dans l'abduction avec rotation en dehors Un geste de mobilisation provoque une évacuation de pus par deux des plaies chirurgicales dirigées vers le siège de l'éclat d'obus. Une nouvelle radiographie démontre qu'il ne reste aucun projectile dans la région en cause.

Le 8 juillet 1915, il est mené de larges

débridements des diverses fistules ; puis il est fait un curetage du foyer d'ostéite raréfiante de l'os iliaque.

Le 9 juillet, il est fait un enfumage iodé.

Plus tard les pansements sont renouvelés selon les habitudes du service ; et la restitution des forces est favorisée par quelques soins de suralimentation.

Le 28 août 1915, le convalescent est redevenu suffisamment vigoureux pour faire une première sortie.

En septembre, il est évacué sur un Dépôt de convalescents ; il marche sans canne et presque sans irrégularité ; et il n'éprouve plus le besoin d'aucun soin particulier.

Il est donc certain qu'un traitement hâtif et assidu peut enrayer les progrès de l'infection gangréneuse, même au moment perplexe, où, après avoir été localisée, elle est sur le point de devenir générale.

Le traitement peut encore être efficace lorsque se succèdent plusieurs récidives ; mais il doit être aussi varié que le comportent les indications thérapeutiques.

Diversités cliniques.

Quand elle est établie, la gangrène gazeuse ne varie guère. Son type clinique est si frappant, que Louis Pasteur lui a donné le nom d' « *infection à Vibron septique* »..... à la même époque où il avait cru trouver un microbe spécial pour l'infection purulente. Cependant le Vibron septique est loin d'être l'agent exclusif de ce processus morbide.

D'autre part, au début de son évolution, alors que le développemeut des gaz n'est pas encore perceptible [1], le fléau revêt des formes

---

1) « La pourriture d'hôpital n'a pas, à proprement parler, de période prodromique, écrit Jules Rochard ; cependant elle s'annonce, le plus souvent par une augmentation de sensibilité dans la plaie, par une cuisson assez vive et parfois même par de véritables douleurs. Ces symptômes se manifestent ordinairement pendant la nuit. A la visite du matin, on trouve le blessé dans un état d'excitation causé par une nuit sans sommeil et par la douleur, que le pansement exaspère au lieu de la calmer.....

» C'est quand la maladie est déclarée, que se dessinent les caractères propres à la forme qu'elle va revêtir. La pourriture d'hôpital, en effet, ne se montre pas sous le même aspect chez tous les malades et dans toutes les épidémies.

» Bien que ce soit *toujours au fond la même maladie*, elle présente, suivant les cas, des différences assez notables pour que les auteurs aient cru devoir y reconnaître un certain nombre de formes basées sur l'aspect et sur la marche de la

cliniques très différentes les unes des autres. « Pouvait-on les définir gangrènes infectieuses anaérobies ? » se demande M. L. Ombrédanne (p. 360.1.) «Peut-être ; car les agents qui les déterminent semblent appartenir à cette variété microbienne. Pourtant ces agents vivent en *symbiose* presque constante *avec un autre microbe*, qui est anaérobie et dont le rôle n'est pas encore élucidé..... Dès lors il semble préférable de ne pas chercher une dénomina-

---

lésion locale. — Delpech en admettait trois, Follin quatre. Pirogoff est allé jusqu'à six » J. Rochard ne décrit que les deux principales. (art. pourriture d'hôpital du *Nouv. dictionnaire de méd. et de chir. prat.* de Jaccoud. XXIX ; 488.)

Dans son fameux *Traité expérimental du typhus traumatique, gangrène ou pourriture des hôpitaux*, (Paris, 1822.) A. F. Ollivier décrit trois formes : — érosion sans escare apparente (p. 8), — érosion avec escare (p. 11), — gangrène traumatique (p. 13 à 20.)..... Il précise que, dans bien des cas, les trois formes ou variétés semblent être seulement des degrés divers de la même affection ; et que ces degrés ne doivent pas inévitablement être parcourus.

Les auteurs, qui ont suivi, admettent presque tous une forme gangréneuse et une forme ulcéreuse de la pourriture d'hôpital. Robert y joint une troisième variété, la diphtéroïde. Salleron admet une quatrième, caséeuse, qu'il reconnaît comme rare. Berne, avec Follin, reconnaît, en outre, une cinquième, vésiculeuse ; puis une sixième, pulpeuse hémorragique. Pirogoff aussi arrive à six formes, Berger, Maurice Jeannel, F. Terrier et J. Chauvel pensent que des divisions aussi nombreuses ne s'accordent pas avec leurs observations cliniques.

Cela n'empêche pas, qu'au début le syndrôme est à l'état latent ; c'est une *période d'incubation*, même s'il n'y a aucun signe prodromique.

tion basée sur un caractère encore incertain » Les chirurgiens militaires de Verdun ont reconnu que l'odeur de gangrène est le caractère le plus constant de la plaie « Toutes les autres manifestations de l'infection offrent au contraire, des caractères variables d'un cas à l'autre. » Et M L. Ombrédanne s'en tient, en février 1915, au nom d'infection gangréneuse des plaies de guerre, tandis que d'autres continuent à dire : gangrène gazeuse.

A son début, l'infection gangréneuse revêt une des formes cliniques....., qui ne se ressemblent pas.

Une pseudo-diphtérie de la plaie,
l'érysipèle bronzé au-dessus de la plaie,
un suintement abondant et insolite,
une odeur piquante, forte, ou bien fétide,
nauséeuse, écœurante,
une hyperthermie avec céphalalgie,
une sensation de constriction,

n'apparaissent trop souvent qu'à l'état de symptôme isolé C'est le temps, où le développement des gaz fait encore défaut, mais où le processus morbide est déjà inquiétant. Le mal est réellement justiciable d'une thérapeutique rapide et hardie.

Il ne convient pas de temporiser jusqu'au

moment, où le diagnostic sera confirmé par la manifestation simultanée de tous les symptômes ; car il existe des formes cliniques, dont l'évolution est si rapide, qu'en peu d'heures l'infection est devenue générale et de tout point incurable.

Depuis longtemps on cherche quelle pourrait être la durée de la période d'incubation de la gangrène gazeuse : tout ce qu'on sait, c'est que la date d'apparition des accidents est essentiellement variable.

Jules Rochard n'assimilait pas la blessure de guerre à une inoculation des microbes telluriques des vêtements ou des téguments du soldat. C'est pourquoi il trouvait que « le moment de l'infection échappe le plus souvent. Il est pourtant des cas, où le blessé n'a été exposé qu'un instant à la contagion et où le doute n'est pas possible. (1) Il reste enfin les faits d'inoculation, qui ont toute la précision désirable. »

Dans celui d'Ollivier en 1810, l'expérimentateur opérait sur lui-même : les premiers

(1) J. Rochard. art. pourriture d'hôpital du *Nouv. dict. méd. et chir. pratiques* de Jaccoud ; Paris, 1880 ; XXIX, 487.

symptômes se montrèrent le troisième jour.(1)

« Wolff rapporte l'observation d'une jeune fille, qui s'était présentée à la consultation d'un hôpital infesté par la pourriture d'hôpital, pour se faire retirer un fragment d'aiguille implanté dans le mollet. Il fallut inciser les téguments dans l'étendue d'un centimètre ; et l'extraction fut pratiquée avec une pince qui avait servi, trois jours auparavant, au pansement d'une plaie atteinte de pourriture d'hôpital. Quatre jours après, la malade ressentit de la cuisson dans la région blessée Le lendemain, la petite plaie se rouvrit, donna issue à un liquide séro-sanguinolent ; et, peu de temps après, elle était complètement envahie par la pourriture d'hôpital. Wolff estime que, dans ce cas, l'incubation avait duré près de huit jours.

» Dans la seconde observation qu'il cite, il est question d'un soldat blessé à Sedan par une balle qui pénétra dans la poitrine, en fracturant une côte. Après avoir traversé des accidents très graves, il fut évacué sur l'hôpital de Givet, puis sur celui d'Avesnes, où il fut atteint de pourriture d'hôpital, bien que cette

---

(1) Olivier, *Traité expérimental du typhus traumatique, gangrène ou pourriture des hôpitaux*. Paris, 1822.

complication n'y régnât pas. On se souvint alors qu'elle s'était déclarée à Givet quelques jours auparavant. L'incubation avait, cette fois, duré plus de huit jours.

» Il est évident, ajoute J. Rochard, que le laps de temps qui s'écoule entre le moment de l'infection et celui où la complication se déclare, varie avec les circonstances, avec l'intensité de l'épidémie et le caractère des blessures. »

Au rapport de J. Chauvel, « Brugmann a vu la pourriture d'hôpital apparaître dans une salle de blessés, trente heures après sa mise en communication avec un emplacement infecté (1).

» Heine s'àrrête à vingt-quatre ou quarante-huit heures.

» En 1870-1871, Dupont, dans quatre cas d'inoculation, relève une incubation de quatre jours chez des blessés à Metz, de trois jours seulement chez deux médecins à Rennes.

» Bonnard croit que cette période peut se prolonger jusqu'à huit jours (2).

» J. Chauvel pense, comme M.M. Jeannel, que l'incubation varie avec l'état de la plaie

(1). On peut admettre une coïncidence.

(2). Bonnard. *Recueil de mémoires de méd. chir. et pharm. militaires*. Paris, 1855, XVI, 302 ; — et 1856, XVII, 372.

contaminée, la nature de la contagion, et peut être l'état de santé du récepteur [1]. Dans les épidémies violentes elle paraît être plus courte. » [2].

M. L. Ombrédanne a observé, seize heures après une blessure de jambe, une gangrène gazeuze totale, remontant jusqu'au genou. — Vingt-deux heures après un coup de feu, à la cuisse, il a vu la gangrène gazeuze se répandre de la cuisse au genou, et simultanément remonter sur l'abdomen, à mi-chemin entre l'arcade de Fallope et l'ombilic. On a vu un peu partout des cas de ce type très rapide : ils sont « d'une effroyable gravité. »

« Par contre, il est des blessés criblés de petits fragments de plomb provenant de balles écrasées, (quand la balle allemande est retournée, elle s'écrase et le culot, contenu dans la chemise de ferro-nickel, se brise en une multitude de petits fragments, parce qu'il est d'un alliage friable d'antimoine, de plomb

---

(1). Maurice Jeannel. *Encyclopédie internat. de chirurgie*, Paris, 1883 ; I, 511.

(2) J. Chauvel, art. pourriture d'hôpital du *dict. encyclopédique de Dechambre*, Paris, 1886 ; p. 355.

et d'autres métaux), ou de shrapnells ayant touché le squelette...

M. L. Ombrédanne les a longuement débridés et nettoyés à fond, moins de vingt-quatre heures après la blessure: chez quelques-uns de ceux-là, le nettoyage n'avait pas suffi à faire sortir tous les corps étrangers minuscules, que montrait la radiographie. Malgré le frottement de la compresse sèche, des fragments parcellaires de vêtements n'avaient pu être enlevés. M. L. Ombrédanne a constaté que l'infection gangréneuse se produisait en dépit d'une exérèse opératoire très étendue..., malgré les pansements fréquemment renouvelés ; mais elle ne se manifestait que le sixième, le huitième, peut-être le dixième jour. — Si ces formes tardives sont quelquefois bénignes, il arrive aussi qu'elles se montrent graves ; c'est dans ces formes devenues graves, que le pansement à l'éther fait merveille. » (p. 364 ; col. 1.)

Pour résumer sa pensée, le même auteur dit — que les formes graves débutent vingt-quatre à quarante-huit heures après la blessure ; —que les formes lentes commencent du premier au quatrième jour ; — et qu'il y a des formes tardives, demeurées longtemps latentes, ignorées même, tant que les pansements fréquents sont appliqués, et qui explosent très tardivement lorsque le pansement est demeuré plusieurs jours en place sans être renouvelé. Mais ces cas sont exceptionnels. (p. 364 ; col. 1.)

« La courbe de température n'a aucune valeur diagnostique en matière d'infection gangréneuse. Les grands blessés, qui présentent de volumineux hématômes diffus, ont couramment 38°, 38°,5 de température axillaire pendant les huit ou dix premiers jours de leurs blessures. Les fractures par coup de feu qui ont été infectées, oscillent rapidement entre 38°,5 et 40°. Dans la grande majorité des cas, la température ne s'élève pas audelà de 39°, quand évolue l'infection gangréneuse ; elle se maintient la plupart du temps entre 38° et 39°, les oscillations ne dépassant pas un degré d'amplitude. — Pourtant, alors que les hématômes diffus d'une plaie aseptique donnent une courbe thermométrique, dont l'acmé se manifeste vers le troisième jour, les oscillations continuent à s'élever progressivement jusqu'au dixième, douzième jours, si l'infection gangréneuse doit aboutir à une issue fatale. —

Inversement, la température s'abaisse peu à peu dès que le processus gangréneux est enrayé. Cet abaissement débute le jour ou le lendemain de l'opération, amputation ou cautérisation ; puis il survient, en général, une nouvelle ascension thermique réactionnelle, à la suite de laquelle la température tombe progressivement et définitivement. » (L. Ombrédanne : pp. 364. 365.)

Dans un service, où sont isolés les cas de gangrène gazeuse, il n'y a rien à espérer des sensations subjectives, que pourraient donner les blessés. — Le premier motif, c'est la *dépression adynamique*, dans laquelle ils demeurent habituellement plongés. — Le second, c'est la sensation de *striction douloureuse* au niveau du membre blessé, mais sans localisation précise. — Ce qui domine l'état d'esprit du malheureux, c'est la phobie de toute intervention chirurgicale. Et ce n'est pas la moindre occupation du chirurgien, que celle qui consiste à gagner la confiance du blessé, afin de lui faire accepter l'opération, qu'il a redoutée, alors qu'elle s'impose d'urgence et comme ressource ultime.

L'infection gangréneuse à tous ses degrés

n'entraîne de délire, à en croire M. L. Ombrédanne (p. 365 ; col. 1), qu'à la période terminale des formes à évolution lente. A Calais, on en a vu d'autres, spécialement au moment des récidives ; mais ce délire n'est pas très-agité ; et il suffit à témoigner des localisations encéphaliques de l'infection. — Dans les formes à allure rapide, l'intelligence reste intacte jusqu'aux derniers moments; mais elle est obnubilée par la crainte de la lumière, par un impérieux besoin de repos, jusqu'à répugner aux soins les plus judicieux et les mieux présentés. « Les blessés, dit M. L. Ombrédanne, ne se rendent nullement compte de la gravité de leur état ; et souvent l'aggravation extrême de l'infection coïncide avec une remarquable euphorie. » (p. 365.) Ce n'est peut-être qu'une apparence sous le couvert d'une somnolence tenace et recherchée.

Quoiqu'il en soit de son incubation et de son début, l'infection gangréneuse présente des formes nettement diversifiées.

J. Chauvel a décrit distinctement ; — I. une diphtéritique pseudo-membraneuse ; — II. une forme pulpeuse ; — III. une forme ulcéreuse ; — et il a considéré les érysipèles,

les phlegmons, les lymphangites, les hémorragies et les névralgies violentes pour des complications [1].

E. J. Toubert, comme les autres auteurs de son temps, distingue d'avec la pourriture d'hôpital une gangrène, qu'il qualifie septique, et qu'il classe comme gangrène humide, d'odeur infecte, survenant chez des blessés tarés par surmenage, cachexie, misère physiologique, ou chez des blessés vivant dans un milieu infecté [2]. Puis, dans son étude clinique de la pourriture d'hôpital [3], il distingue : une forme simple ou diphtérie des plaies ; une forme grave ou pourriture proprement dite (c'est la forme pulpeuse) ; enfin il reconnait que, plus rarement, la complication des plaies évolue sous forme d'ulcères Il donne à part [4] la description de la septicémie gangréneuse : et, de même que M. E. Forgue, il en discerne deux formes cliniques : une forme rapide, et une autre foudroyante.

(1). J. Chauvel, art. Pourriture d'hôpital *Dict. encyclopédique des sciences médicales*. Paris ; 1886 ; pp. 355 à 357.

(2) J. Toubert, *Précis de chirurgie d'armée*. Paris, 900 pp. 110 111.

(3). *ibidem* ; pp. 116, 117.

(4). *ibidem* ; pp. 144, 145.

MM. Pierre Delbet et Maurice Chevassu indiquent par trois fois la multiplicité des formes cliniques de l'infection gangréneuse. — Lorsqu'il donnent un « aperçu des septicémies suivant leur agent microbien », ils passent en revue plus de vingt-deux microbes pathogènes (1) ; et ceux de l'infection gangréneuse y viennent à leur rang. — Lorsqu'ils traitent la question des phlegmons, ils groupent dans la catégorie des « phlegmons diffus gangréneux » tous les cas, que les auteurs antérieurs avaient décrits sous le nom de pourriture d'hôpital (2). — C'est dans une catégorie absolument distincte (3), qu'ils rangent tous les « phlegmons diffus gazeux» — La question de la pourriture d'hôpital est traitée à part (4) ; et ces auteurs distinguent : une forme pulpeuse et une forme ulcéreuse en principal ; plusieurs formes foudroyantes ; ils ramènent à l'actualité la forme chronique, qui fut naguère décrite par Delpech à Montpellier. Il y a donc un grand intérêt pratique à reprendre l'étude des *formes*

(1). Pierre Delbet et Maurice Chevassu ; art. infections du *Nouveau traité de chirurgie* de Le Dentu et Delbet ; Paris, 1907 ; t. I. ; pp. 244 à 251.

(2). *ibidem* ; I. ; 276 à 277.

(3). *ibidem* ; I. ; 279 à 287.

(4). *ibidem* ; I. ; 368 à 374.

disparates d'un syndrôme, qu'il est souvent difficile de dépister en temps propice.

C'est un *protée* ..; il faut le surprendre.

Tandis qu'il présente *la gangrène gazeuse en Allemagne*, (septembre 1915,) M. Emile Dutertre ne méconnaît nullement les autres travaux parus à l'étranger, « Une bonne description du tableau clinique de la gangrène gazeuse a été donné, dit-il, par Maknis dans *the Lancet* en 1914, puis reproduite par *American journal of surgery* de janvier 1915, » mais il répond à son titre et présente aux lecteurs français les travaux récents des auteurs allemands

« Walter Armknecht, de Worms (contribution à la nature et au traitement de la gangrène gazeuse *Munchener medizinische wochenschrift* ; 1915 ; n° 13 ; p. 453,) dans un hôpital de campagne, a pu très souvent observer la gangrène gazeuse à son début, à son *afangstadium*. Cette complication commence souvent, déjà trente-six ou quarante heures après la blessure. Le premier symptôme est une douleur et un gonflement dans la sphère de la blessure. La température au début reste peu élevée ; par contre, le pouls est fort accéléré, de 100 à 120 à la minute. Il survient rapidement une coloration *jaune-brun* de la peau avec œdème. En même temps apparaissent les symptômes d'une infection générale : langue chargée, perte d'appétit, céphalalgie et, dans les cas graves, ictère et diarrhée.

» Le tableau présenté par Franke est un peu différent. Cet auteur constate, en effet, que, chez les blessés qu'il a observés, l'état général était parfait la veille ; mais que, le lendemain matin à la visite, ces malades se plaignaient de très violentes douleurs dans le membre blessé. Leur facies était très altéré ; la température oscillait entre 39° et 40° ; le pouls battait fortement.

A l'examen local, le pied et la plus grande partie de la jambe étaient colorés en *gris-jaune* avec de fortes marbrures *bleuâtres* ou *verdâtres*. Ces parties étaient froides comme de la glace. Cette coloration s'accompagnait d'un fort gonflement des parties atteintes et remontait rapidement vers la racine du membre. Au premier coup d'œil, on pensait à une thrombose veineuse progressant rapidement ; mais on constatait en même temps un développement de vésicules gazeuses dans le tissu cellulaire sous-cutané. Ce développement se manifestait au-dessus de la zone colorée et s'avançait rapidement vers le tronc. La limite entre la partie ainsi atteinte et la partie saine était plus sensible à la pression que le reste des autres parties. (Sur quelques cas de gangrène gazeuze. *Munchener medizinische wochenschrift* ; 1914 ; n° 45.)

» Payr, de Leipzig, a décrit deux formes de gangrène gazeuze : la première bénigne relativement ou sous-cutanée ; et la deuxième maligne ou sous-aponévrotique. (Sur la gangrène gazeuse à la guerre. *Munchener m w.* ; 1916 ; n° 2 ; et *Deutsch m. w.* : 1915 ; n° 3) — A ces deux formes de Payr correspondent à peu près ; — le gazphlegmone et la gazgangran de Schlœssmann ; (sur le phlegmon gazeux et la gangrène gazeuse. Soirs médicaux des médecins militaires de Tubingen : 6 octobre 1914 ; *Munchener medizinische wochenschrift*, 1914 ; n° 44 ;) — l'infection locale et l'infection générale de Bingold, de Nuremberg. (Sepsie par les gazbacilles : *Munchener m. w.* ; et *Deutsch m w.* ; n° 7 ; p. 265)

« Schlœssmann s'inquiète beaucoup moins du siège des lésions ; il ne se base que sur l'étendue plus ou moins grande des lésions pour différencier son *gasphlegmone* d'avec sa *gasgangran*, la seconde pouvant n'être que la terminaison de la première.

» Bingold, de même, ne distingue deux formes de la gangrène gazeuse qu'en s'appuyant sur l'étendue de l'infection, d'abord infection locale, puis infection générale, la seconde n'étant que le complément de la première. » (p. 37.)

Parmi les chirurgiens français, il y a des faits encore controversés. Des plaies gangréneuses sans gaz, des plaies avec quelques bulles de gaz, des zones crépitantes autour de de la plaie, des gaz remontant plus haut que la plaie sont des formes classées par plusieurs au nombre de celles de l'infection gangréneuse — quelques uns diraient que c'est là un assemblage des faits, qui n'ont aucun rapport entre-eux.

« Je n'irai pas jusque là, dit M. Riche [1]. Pour moi, ce sont des plaies infectées probablement par les mêmes microbes anaérobies, — (c'est aujourd'hui le *Bacillus perfringens*, qui est mis en cause,) — mais que leur communication plus ou moins large et facile avec l'air extérieur, leur degré de ventilation, si

(1) *Bulletins et mémoires de la société de chirurgie de Paris ;* Séance du 17 mars 1915 ; XLI ; 674-675.

l'on veut, fait évoluer différemment. Les gaz produits au niveau du foyer cheminent du côté où la résistance est la moindre, et ils ne remontent le long du membre que lorsqu'ils n'ont pas d'issue facile vers le dehors. — Ce n'en sont pas moins des types cliniques différents ; » et, selon M. Riche, on devrait n'envisager, parmi les gangrènes gazeuses, que les cas où il y a réellement crépitation autour de la plaie ou à distance.

M. Ombrédanne, qui envisage l'infection gangréneuse dans son ensemble, tient compte de tous les types cliniques susceptibles de devenir mortels, alors même qu'ils sont encore de forme localisée, alors même qu'il n'y a ni crépitation, ni élimination de gaz par la plaie.

Quoiqu'il en soit, M. Riche adresse cette objurgation à tous les chirurgiens, qui soignent des blessés de guerre, (17 mars 1915 ; p. 679.)

« Quand vous constaterez la présence de gaz au niveau, au voisinage, ou à distance d'une plaie, faites, si le cœur vons en dit, des insufflations d'oxygène, employez même le nouveau sérum que l'on est en train de vous préparer, accordez à ces méthodes toute la confiance que vous voudrez ; mais, je vous en conjure, que votre ardeur de néophytes ne vous fasse pas négliger pour cela le traitement chirurgical. Débridez les plaies d'aspect gangréneux qui ne sont pas largement ouvertes du fait du traumatisme ; incisez délibérément toute zone crépitante au-delà de ses limites ; et, quand le membre est en putrilage, faites, sans plus attendre, l'amputation à moignon ouvert au-dessus de la zone putréfiée. »

M. Quénu, puis M. Pierre Delbet ont insisté à l'appui de la réserve de M. Riche : et ils ont donné des arguments de laboratoire de biologie et surtout des faits cliniques avec leurs sanctions thérapeutiques.

Et il y en a d'autres.

L'évolution si différente des blessures, suivant leur origine, a rapidement amené MM. Th. Weiss et Georges Gross, de Nancy, à appliquer une thérapeutique spéciale à celles qui étaient produites par des balles et à celles qui étaient causées par des projectiles d'artillerie.....

« Pour les plaies par projectiles d'artillerie, notre pratique s'est modifiée, disent-ils au fur et à mesure que notre expérience grandissait.

« Au début, nous nous contentions de bains

locaux et de pansements humides ; et, quand apparaissaient les accidents phlegmoneux, presque inévitables, nous faisions le débridement secondaire. — Mais, devant la fréquence des complications infectieuses, — nous sommes devenus interventionnistes d'emblée ; — et, grâce à notre installation radiographique, qui nous renseignait sur l'étendue et le siège des désordres profonds, nous avons pratiqué de larges incisions primitives, qui nous ont permis d'extraire les projectiles et les débris de vêtements, d'écouvillonner et même de curetter soigneusement les trajets avec une compresse ou un tampon trempé dans de l'alcool iodé, enfin de faire un drainage approprié. — Les résultats de cette thérapeutique active furent excellents et les guérisons beaucoup plus rapides. (p. 161.)

«Dans un certain nombre de cas cependant ce traitement très simple fut insuffisant, en raison de l'apparition d'accidents infectieux très-graves.

«La pourriture d'hôpital fit une apparition, très-discrète heureusement, à l'hôpital militaire Sédillot de Nancy. Un certain nombre de plaies par éclat d'obus se montrèrent couvertes de la membrane diphtéroïde caractéristiques [1]. Des attouchements à la teinture d'iode et l'emploi de l'huile goménolée en firent prompte justice. »

Les mêmes chirurgiens de Nancy ont eu à soigner « un assez grand nombre de cas de gangrène et de phlegmons gazeux.

« Nulle part plus qu'en chirurgie de guerre la division en gangrènes qui septicémisent et en septicémies qui gangrènent n'est plus...[2] ni plus difficile à faire. — Nous avons vu des blessés, chez lesquels les membres se sont sphacélés par lésion vasculaires ; tandis que, chez d'autres, la gangrène était le fait d'une infection primitive massive [3] Or, seuls, l'opération et l'examen du membre amputé nous ont permis de découvrir la cause initiale de cette redoutable complication... »

A Nancy, comme à Verdun, à Calais et

---

(1) C'est caractéristique, au dire des auteurs récents .... mais non pas au dire des microbiologistes, qui trouvent le même *Bacillus perfringens*, dans toutes les infections gangréneuses, avec ou sans exsudat diphtéroïde.

(2.) Dans le texte, il y a le mot *vraie ;* mais le contexte conduit à penser que la distinction est *vaine*.

(3.) *Bulletins et mémoires de la Société de chirurgie de Paris*, : séance du 27 janvier 1915 ; tome XLI ; page 163.

ailleurs, on ne s'attarde pas beaucoup à disserter sur les diversités cliniques : quelle que soit la forme de l'infection gangréneuse, on recherche les indications thérapeutiques : elles sont plus faciles à discerner que les distinctions subtiles pour départager des variétés possibles. Par là on fait retour à la boutade de Percy : « Nous regardons comme frivoles, dit-il, les divisions qu'on a faites en espèces rongeantes, dissécantes, déchirantes, etc. ; la maladie étant essentiellement (la même) et n'offrant que des degrés différents dans son intensité et son activité, ne doit pas pour cela être divisée en espèces. Les ravages qu'elle produit ne sont pas tous également grands. » [1]. On peut et on doit dédaigner les subtiles distinctions au moment où il faut prendre la décision pour guérir le blessé.

Mais quand il s'agit de discerner la réalité de la complication, il ne faut méconnaître aucune des variétés, qui pourraient servir, à la dissimuler.

On n'insistera jamais trop sur les diversités cliniques d'un processus essentiel-

(1.) Percy et Laurent. art. pourriture d'hôpital du *dictionnaire des sciences médicales en 60 volumes*. Paris. 1820. XLV ; 7.

lement polymorphe.

A Nîmes, M. Revel en a été témoin à son tour ; et il en a fait le sujet d'une étude clinique et thérapeutique — sur cent cas d'infections gangréneuses de plaies de la guerre de 1914-1915. M. Souligoux en a fait la présentation à la *Société de chirurgie de Paris*, (séance du 25 août 1915.) Sa classification comporte quatre groupes : — I : gangrène gazeuse avec muscles déliquescents et érysipèle bronzé : 1° infection gangréneuse locale : 2° forme profonde limitée ; 3° forme profonde massive segmentaire. — II : gangrènes gazeuses avec muscles exubérants et érysipèle jaune : forme infiltrée. — III : gangrène gazeuse dite classique : 1° forme massive : 2° forme diffuse. — IV : gangrènes gazeuses à manifestations anatomiques presque exclusivement cutanées : forme érysipèle bronzé. (*Paris médical*. 25 septembre 1915 ; p. 371 ; col. 1 et 2.)

En d'autres temps on pourra s'occuper de ces divisions et subdivisions. Pendant la guerre, il suffit de retenir la multiplicité des microbes pathogènes de l'infection gangréneuse, le polymorphisme de ses formes cliniques, de ses récidives et de ses complications.

Pratiquement, une conclusion s'impose la thérapeutique de la gangrène gazeuse n peut pas être univoque ; elle doit répondr aux indications ; elle doit même tenir compt de leurs changements et de leur multiplicité.

Difficultés de guerre.

Au début de la campagne de 1914, M. L. Ombrédanne suturait tous les larges orifices de sortie des coups de feu de part en part. Les chirurgiens de Verdun suturaient aussi les lambeaux d'amputation ; et la guérison survenait sans complications. — Après les six premières semaines, il a fallu renoncer à cette manière de procéder : toutes les sutures devaient être enlevées dès le lendemain et les plaies désunies.

Sous la réserve d'une différence de date, (1) il en a été de même à Calais. Chez des blessés très surveillés, on eut des soins très assidus jusqu'à ce que tout danger fût dissipé : et on renonça à la suture après les amputations tout comme à Verdun, à Nancy et ailleurs.

« Mais aux formations proches de la ligne de feu, (on ne voit pas les résultats ; et) il n'en alla pas de même. Les amputations faites d'urgence et réunies, alors même qu'il y avait

---

(1). C'est le 4 octobre 1914, que les blessés de la guerre ont commencé à être évacués en grand nombre sur tous les hôpitaux militaires de Calais.

un drain, arrivèrent toutes à Verdun, à partir de cette même époque, en pleine infection gangréneuse ; celle-ci s'était développée pendant le transport. — Des instructions furent données par la Direction du service de santé : elles défendirent aux premiers échelons de suturer après les amputations d'urgence ; et cette cause de gangrène gazeuse a disparu. » [1].

Pendant qu'on se préparait à la grande guerre de 1914-1915, les chirurgiens se trouvaient d'accord pour confectionner les premiers pansements, avec les plus grands soins, jusque dans les détails ; leur intention était de faciliter le service des évacuations, afin de supprimer tout renouvellement depuis l'Hôpital de campagne, ou l'ambulance de première ligne, jusqu'aux formations sanitaires de l'intérieur. Leur but était de gagner du temps, d'épargner les forces des blessés et de réduire les occasions d'infecter leurs plaies...... Quand on s'est trouvé aux prises avec la guerre il a fallu en revenir de ces belles espérances !

M. L. Ombrédanne l'a reconnu : « Un même pansement, laissé trop longtemps en

(1). L. Ombrédanne, *Paris médical*, 13 février 1915 ; p. 362 col. 1 et 2.

placé, et s'il est ajusté, agit comme la suture d'une plaie infectée. Il favorise l'apparition de l'infection gangréneuse, probablement en maintenant les germes anaérobies à l'abri de l'air et des agents oxydants, dont nous nous servons pour les pansements fréquents, en les mettant par conséquent dans des conditions propices à leur rapide pullulation......(1)

» Quand les troupes du Kronprinz descendirent en Argonne jusque vers Rembercourt, un certain nombre de blessés français tombèrent aux mains de l'ennemi et furent pansés à l'ambulance allemande de Triancourt. Lorsque survint ensuite le recul de la ligne ennemie, l'ambulance de Triancourt fut reprise par les troupes françaises. Les blessés graves, ne pouvant pas marcher, y avaient été abandonnés par le personnel allemand : leurs pansements dataient à ce moment de 6 jours. A Verdun, ces blessés, amenés pourtant très rapidement au moyen de voitures-automobiles, fournirent un pourcentage considérable d'infections gangréneuses.

(1.) L. Ombrédanne ; *l. c*. p. 362, col. 2.

»Dans les 1ers jours de septembre 1914, les chirurgiens militaires de Verdun n'avaient vu encore qu'un ou deux cas de gangrène gazeuse avérée. Or certains blessés de leurs services, présentant des plaies au niveau desquelles cette complication n'avait même pas été soupçonnée, des plaies en bonne voie de guérison, furent évacués par chemin de fer au moment où Verdun, courant un risque immédiat d'investissement, il était nécessaire de ménager le plus de place possible dans les hôpitaux ... Or M. L. Ombrédanne a appris par hasard que, sur une évacuation faite en pareilles conditions, trois de ses blessés, fort bien pansés tous trois, avaient présenté en cours de route des accidents de gangrène gazeuse et durent être arrêtés avant d'être parvenus à la formation sanitaire indiquée sur leur ordre d'évacuation. Deux succombèrent ; et le survivant fit connaître ce triste accident. Ces trois blessés n'ont pas pu se contaminer dans le train (1) : donc ils portaient au niveau de leur plaie, les agents de l'infection gangréneuse à l'état latent et encore peu virulent.

» Un blessé, évacué le 6 septembre 1914,

---

(1) Voir le chapitre : Epidémie non contagieuse.

a déclaré à M. L. Ombredanne avoir vu éclater dans le train qui l'emmenait, cinq cas de gangrène gazeuse : c'étaient des blessés amputés dans une formation civile de Verdun. Les pansements n'avaient pas été renouvelés depuis le départ, soit depuis quatre jours au moins. Les blessés, dont il s'agit, furent répartis à Nevers, La Charité et Moulins.

» Un autre blessé, évacué le 21 septembre 1914, déclara avoir vu éclater dans son train cinq ou six cas de gangrène gazeuse ; ces blessés avaient été prisonniers des Allemands ; et ils furent débarqués du train d'évacuation à Nevers, à Moulins et à Vichy....» Pour M. L. Ombrédanne, il est certain que ces complications ne seraient point survenues, si les pansements avaient continué à être renouvelés chaque jour, comme à l'hôpital. (1)

« Il est de toute netteté, dit le même chirurgien, que les groupes de blessés entrants, dont le transport a été long, fournissent un pourcentage beaucoup plus élevé de gangrènes que les groupes amenés rapidement. Donc, pour l'apparition de l'infection gangréneuse, il faut reconnaître un rôle favorisant, à la lenteur des transports d'une part, aux

(1) L. Ombrédanne ; l. c. ; 362, 2.

pansements laissés trop longtemps sans être renouvelés d'autre part. » (p. 363 ; col 1.)

En février 1915, ces causes mauvaises étaient déjà considérablement atténuées ; et dès cette époque, le transport des grands blessés se faisait déjà beaucoup plus vite. « Bien plus, la Direction du service de santé a dû donner des instructions pour qu'aux différents échelons, les pansements ne soient pas tous remplacés. On avait vu arriver à Verdun des hommes pansés trois fois dans la même journée, ce qui est une cause de fatigue pour le blessé et aussi un gaspillage de matériel de pansement. — Entre ces deux inconvénients, il n'est pas très difficile de trouver un juste milieu, celui des pansements, ni trop rares, ni trop fréquents.

En septembre 1915, le problème était remis en question devant la *Société de chirurgie de Paris* M. Picqué soutenait les avantages du traitement complet des blessés de guerre dans les ambulances avec les aménagements de fortune, à proximité du front. Sans contester les mérites d'un agencement pris en particulier, d'autres chirurgiens ont fait valoir les nécessités de guerre, avec les évacuations qui en résultent, pour éviter l'encombrement avec ses conséquences néfastes ; et, selon les usages des sociétés scientifiques, on n'a pas conclu.

Et on n'avait pas à conclure ; car, en présence des difficultés de la guerre, il faut que chacun retienne sa part d'initiative personnelle dans les limites des décisions prises par les autorités militaires, sans explications et sans discussions.

Aussi bien, pendant une période de guerre, on peut s'attendre partout à rencontrer l'infection gangréneuse. Jules Rochard a eu raison de l'écrire : — « La pourriture d'hôpital n'est pas l'attribut exclusif des hôpitaux insalubres. On peut l'observer dans toutes les agglomérations de blessés soumises à de mauvaises conditions hygiéniques. Elle est apparue à la suite de toutes nos guerres. En 1814 elle entra dans l'hôpital Saint-Eloi de Montpellier avec les blessés de l'armée d'Espagne ; et elle y produisit l'épidémie terrible, dont Delpech a retracé l'histoire. Quelques mois plus tard, elle pénétrait dans Paris avec les troupes alliées. Pendant la guerre d'Orient (1854-55), nous l'avons vue régner dans les ambulances de Crimée, dans les hôpitaux de Constantinople et à bord des navires de transport. Nos médecins militaires (de France) l'ont retrouvée à l'armée d'Italie (1859). La guerre 1870-71 nous l'a ramenée ; et, dans les départements envahis, il n'est guère d'agglomération de blessés qui n'en ait subi les atteintes. — Dans ces temps d'épreuves, ce n'est pas toujours dans les hôpitaux qu'elle prend naissance (1). C'est, le plus souvent, après l'arrivée des convois de blessés qu'on la voit éclater (2) C'est ainsi qu'en 1871 elle s'est manifestée à trois reprises à l'hôpital de Brest à la suite d'évacu-

---

(1). On a donc fait une erreur, quand on a consenti a l'appellation proposée par Dussaussoy, pour une complication infectieuse des plaies de guerre..... Le nom de *pourriture d'hôpital* n'est pas justifié, puisque le fléau n'est nullement spécial aux hôpitaux.

L'expression *infection gangréneuse* ne préjuge rien.... mais l'usage conserve la dénomination *gangrène gazeuse*, alors que le syndrôme est réellement le même, à une période de début, où il n'y a encore ni gangrène, ni gaz.

(2). C'est sur le champ de bataille que les blessés ont contracté le germe pathogène. La période d'incubation s'est écoulée pendant le trajet depuis le front jusqu'à l'ambulance, jusqu'à l'hôpital d'évacuation, puis jusqu'à l'hôpital de l'arrière, ou jusqu'à celui du territoire.

Quand le fléau éclate, c'est que la période, latente mais réelle, de l'incubation est terminée.

En temps de guerre, avec des évacuations rapidement menées, il y a loin du lieu de l'inoculation pathogène, au lieu de l'éclosion de la complication gangréneuse.

ations opérées par les ambulances du Mans. — Enfin, lorsque la maladie règne dans une contrée, il n'est pas rare de la voir se montrer à une certaine distance de ses foyers primitifs et dans les conditions les moins favorables à son développement. » (1) Il faut donc se tenir pour averti dans toutes les formations sanitaires, aussi bien dans la zone du territoire, que dans la zone de l'avant.

Cela n'empêchera pas de retenir l'avis de M. L. Ombrédanne (2) : l'expérience a montré, à Verdun, que le traitement avait d'autant plus de chances d'enrayer les accidents d'infection gangréneuse, qu'il était appliqué de façon plus précoce, « D'où, dit-il, l'importance capitale de la rapidité du transport des blessés suspects dans un centre, où les soins nécessaires puissent être donnés. »

Ce n'est pas la moindre parmi les difficultés de guerre ; et M Émile Dutertre en a rencontré plusieurs à la fois alors qu'il était encore médecin-chef à Douai, en octobre 1914 —

---

(1). Jules Rochard, art. pourriture d'hôpital du *Dictionnaire de Jaccoud*. Paris, 1880 ; XXIX ; 482.

(2). L. Ombrédanne. L'infection gangréneuse des plaies de guerre *Paris médical*. 27 février 1915. p. 378 ; col. 2.

« B... Albert avait été blessé à Sailly-Sallisel ; il était resté cinq ou six jours sans être pansé, avec beaucoup d'autres blessés. Lorsqu'il fut ramené à Douai, je constatai, écrit M. Émile Dutertre, qu'il était atteint d'une plaie très grande de la cuisse ; et que cette plaie était entièrement recouverte de tissus gangrénés, exhalant une odeur effroyable. Ce soldat avait reçu un éclat d'obus,qui lui avait labouré la face antérieure et supérieure de la cuisse et une partie du pénis. La cuisse semblait avoir éclaté : une moitié des téguments antérieurs avait été rejetée vers les parties génitales. La plaie anfractueuse, qui comprenait toute la partie antéro-externe de la cuisse, s'étendait sur environ 30 centimètres de pourtour et sur environ 15 centimètres de hauteur. Cette plaie comprenait même un peu de la paroi inférieure du ventre. Après cette première blessure, B... avait fait quelques pas ; mais une balle l'avait alors atteint vers le milieu de la cuisse, qu'elle avait traversée en faisant éclater le fémur. Ces deux dernières plaies s'étaient à leur tour gangrénées. Dès l'arrivée du blessé à l'hôpital, je l'examine, ajoute M. Em. Dutertre. Son état est grave : la peau est couverte d'une sueur froide, le pouls misérable, la température au dessous de 36°, la respiration suspirieuse, l'odeur infecte.

» Je juge impossible de l'amputer, d'abord par suite de la gravité de son état, ensuite par l'impossibilité de retrouver un lambeau suffisant de peau pour couvrir un moignon : les trois quarts de la circonférence de sa cuisse étaient gangrénées. — Il a été fait d'abord une injection de sérum, puis une injection d'huile camphrée, et ensuite une injection de caféine.

» Les pansements, que j'ai pratiqués moi-même, ont été renouvelés matin et soir, avec de la teinture d'iode et de la gaze iodoformée. Dans une circonstance propice, je lui ai extrait un morceau volumineux de son fémur. Il y a eu un raccourcissement de 8-10 centimètres.

» A deux reprises, je lui fais un appareil à extension ; mais son état s'aggrave, probablement par la gène apportée à l'issue des sécrétions par l'orifice postérieur, plaie d'entrée de la balle. Il y a un frisson, une température de 37° le matin et 41° le soir. — Je cesse la traction ; et, au bout de deux ou trois jours, la température oscille de nouveau entre 37° et 38°.

» Je me contente, dès cette phase, de faire des gouttières plâtrées tout autour de son membre inférieur, en laissant la place nécessaire pour les pansements des plaies. Celles-ci sont lavées à l'eau oxygénée et touchées à la teinture d'iode, après ablation de nombreux lambeaux sphacélés.

» Enfin, je me trouve en présence d'une plaie rouge, bourgeonnante. La plaie se rétrécit ; la peau du ventre, (le blessé qui était un peu obèse ayant maigri,) est attirée vers la cuisse ; et, au 1er novembre 1914, la plaie conserve à peine la largeur d'un doigt sur 12-15 centimètres de longueur. Quant au fémur, il a un commencement de consolidation : le blessé peut même soulever sa jambe.

« Mais, quelques jours auparavant, n'ayant plus aucun antiseptique, j'avais dû, raconte M. Em. Dutertre, me contenter pour le pansement, de compresses vaguement stérilisées. Alors, *la pourriture d'hôpital était survenue ;* les bords de la plaie s'étaient couverts de fausses membranes et s'étaient promptement ulcérés et creusés. — Heureusement, grâce au dévouement d'une infirmière de la Croix-Rouge, je pus avoir encore de la gaze iodoformée et de la teinture d'iode. Ces débuts de pourriture furent entravés.

A mon départ de Douai, le 1er novembre

1914, l'état du blessé était devenu, très-satisfaisant ; j'ignore ce qu'est devenu, pendant ma captivité en Allemagne, ce brave soldat territorial, père de sept enfants. »

La forme ulcéreuse passe pour être rare, parce qu'elle n'est pas encore la gangrène. Si on est insuffisamment averti, elle passe inaperçue, parce qu'elle dure peu de temps avec ses caractères spéciaux. Tandis qu'on hésite à la reconnaître, elle fait place à la phase pulpeuse, qui est proche d'une généralisation du processus infectieux, c'est-à-dire d'un danger de mort.

Pitha lui a donné le nom de « *phagédénisme superficiel* » ; et c'est juste, parce que la forme de l'infection locale s'étend plutôt en surface qu'en profondeur ; mais le mot *ulcère* convient mieux.

Quand elle débute, cette forme laisse encore subsister un ensemble de bourgeons charnus sans transformations très-apparente. La plaie est cependant grisâtre, œdémateuse et hyperesthésique dans presque toute son étendue. Là où la sensibilité au contact est plus particulièrement exquise, on voit apparaître un groupe confluent de points d'un rouge-foncé, qui font une légère saillie à la surface. Bientôt ces granulations miliaires se fondent et forment un ensemble, qui se soulève comme le font certains groupes de vésico-pustules d'herpès. Mais il faut épier l'évolution pour observer cette espèce de phlyctène ; car elle est fragile et de courte durée. Le plus souvent, on trouve les granulations miliaires déjà détruites : elles ont laissé à leur place de petits ulcères superficiels, qui commencent par être plus ou moins parfaitement circulaires pour devenir irréguliers, s'étendre, se rejoindre et former des dessins bizarres, jusqu'au moment où le processus a envahi toute la surface de la plaie. Le bord de l'ulcère est taillé à pic ; il forme une saillie d'environ deux ou trois millimètres, Le fond est gris, lisse, parfois strié de quelques lignes de teinte un peu foncée.

Quand il a tout envahi, il est devenu un ulcère plat, grisâtre, sanieux [1] Si on le râcle, on peut en enlever une bouillie fine, au-dessous

(1) Legouest, qui a observé la forme ulcéreuse en Crimée, en a laissé une bonne description. — « Sur une des parties de la plaie se forme une petite excavation creusée en godet, à bords relevés, d'une teinte plus foncée que les parties voisines remplie par un ichor brunâtre et tenace.

de laquelle on met à découvert un fond, tantôt lisse, tantôt velouté, tantôt comme pelucheux.

Tant que l'ulcération n'a pas atteint les bords, ceux-ci ne présentent rien d'anormal : la cicatrisation s'y continue. Mais dès que les bords sont atteints par l'ulcère, l'aspect change : sur les points qui sont les premiers atteints, il se forme, aux dépens de la peau saine, des échancrures demi-circulaires, entourées d'un bord gris à liseré rouge ;..... plus tard ces petits golfes se rejoignent ; peu à peu tous les bords de la plaie sont rongés, déchiquetés ; ils

---

» Plusieurs ulcérations peuvent se développer en même temps : elles s'étendent en surface et en profondeur, détruisant les bourgeons charnus et recouvrant bientôt toute la surface de la plaie. La suppuration, suspendue, est remplacée par une sécrétion noirâtre et fétide.

» Delpech et d'autres chirurgiens ont vu l'ulcération s'étendre d'un côté de la plaie pendant que la cicatrisation se faisait de l'autre. Legouest n'a jamais vu de tels faits, mais un arrêt absolu de la cicatrisation.

» Souvent même, la pourriture ulcéreuse attaque les cicatrices et les détruit rapidement.

» Il n'est pas rare de voir les bords de la plaie s'enflammer, puis s'ulcérer à leur tour ; — mais, si les douleurs sont très violentes dans la forme ulcéreuse, l'œdème, les fusées, la gangrène sont moins fréquentes que dans la forme pulpeuse. » [J. Chauvel, art. pourriture d'hôpital du *dict. encyclop. des Sc. méd. de Dechambre* ; Paris, 1886 ; 356, 357.]

« Cette forme prend souvent une forme serpigineuse. Elle s'attaque alors spécialement au tissu cicatriciel, qu'elle détruit dans toute son étendue, en compromettant les guérisons les plus avancées, » ajoute Legouest. [*Traité de chirurgie d'armée*. Paris, 1872 ; p. 653.]

se relèvent ; puis ils se renversent en dehors. L'auréole inflammatoire s'étend ; l'ulcération s'avance, non plus en surface, mais en décollant et en détruisant la peau ; toutefois elle ne pénètre pas toujours à une plus grande profondeur.

Dans certains cas, cependant, une infiltration devance le processus ulcératif ; un enduit couvre quelques portions de la plaie ; et l'infection locale gagne les couches profondes. En peu de temps, toutes celles-ci sont devenues pulpeuses : ainsi le syndrôme *gangrène gazeuse* a changé de forme, sans changer de nature. La complication est encore localisée ; mais elle n'est déjà plus aussi bénigne. Dès qu'elle est à la phase pulpeuse, l'*infection gangréneuse* est sur le point de se généraliser à tout l'organisme pour devenir mortelle.

Percy, qui a vu de près ces passages d'une forme bénigne à une forme maligne du fléau, toujours le même, a écrit tout net : — « Il y a loin de ces dégâts (de la gangrène putrilagineuse) à la simple dépravation des propriétés vitales des solides sans déperdition réelle de substance, qui, selon quelques hirurgiens, constitue la pourriture d'hôpital.

» Et nous, ajoute Percy (1), nous regardons omme frivoles, les divisions qu'on a faites en spèces rongeantes, dissécantes, déchirantes, tc. ; la maladie étant essentiellement ulcéative, et n'offrant que des degrés différents ans son intensité et son activité, ne doit pas our cela être divisée en espèces (2) ; les avages qu'elle produit ne sont pas tous également grands.

» Quelquefois, le mal se borne à des taches risâtres plus ou moins étendues, dans uelques points de la plaie, lesquelles se issipent bientôt par le retour des propriétés itales à leur type naturel. — D'autres fois, il

(1) Percy et Laurent (son neveu). art. pourriture d'hôpital u *dictionnaire des sciences médicales en 60 volumes.* Paris, 20. XLV ; 6-7.

(2) Né en 1754, Percy avait connu les dissertations terminables sur les questions de nosologie et de nosographie on sens clinique répugnait au morcellement fantaisiste, ui prétendait faire autant de maladies distinctes qu'il y a formes dans la gangrène gazeuse, qu'on appelait alors ourriture d'hôpital.

Il avait reconnu que, sous ses formes si différentes, c'est ujours la même gangrène gazeuse.

Il a fallu plus d'un siècle encore pour reconnaître que ce ocessus, toujours le même, n'est pas une maladie toujours entique à soi-même, mais un syndrôme. Plus tard on connaîtra que ce syndrôme est commun à plusieurs aladies infectieuses spécifiquement distinctes, mais non ncore différenciées.

n'en occupe que la moitié, l'autre restar saine ; et s'il y a une plaie à chaque jambe, peut en envahir une et épargner l'autre. Percy ne manque pas d'insister sur la bén gnité de cette forme d'un *processus, qui e: toujours le même dans son essence,....* « Ce taches grisâtres ayant disparu, le pus redevier louable : et la plaie marche de nouveau ver la cicatrisation. Ce degré est rarement accom pagné de fièvre ; mais il l'est presque toujour d'une légère affection gastrique, que l'on regard comme la cause déterminante du changemen survenu à la plaie. » On le voit, Percy n dissimule rien des illusions de son époque.

Le fait prépondérant, sur lequel il : insisté, c'est que la forme ulcéreuse de l'infec tion gangréneuse est d'ordinaire bénigne parce qu'on la soigne ; — mais elle n'est pa d'une autre nature que la vraie pourritur d'hôpital. C'est bien le même syndrôm redoutable et meurtrier ; et il ne faut pas que par des distinctions frivoles, on expose le blessés déjà infectés, à subir une aggravation qui devient si facilement mortelle.

Cependant il paraît démontré, qu'avan Percy, cette description de la forme ulcéreus a été donnée par A. F. Ollivier dans deu:

mémoires, qu'il a adressés en 1810 et 1811 au Conseil de santé de l'Armée française. C'est, dit-il, « le résultat des observations qu'ai pu faire sur plus de quatre cents (cas de) gangrènes traumatiques, dont j'ai soigneusement étudié la marche, pendant plusieurs années qu'elles ont été successivement soumises à mon investigation, dans les circonstances les plus variées par la diversité des climats, des saisons et de toutes les influences atmosphériques. » (1). Le nom, qu'il avait choisi : érosion sans escare apparente, n'a pas été adopté....

« La plaie, qui marchait vers la cicatrisation, se creuse, dit-il, isolément dans un ou divers de ses points, et quelquefois en même temps dans sa totalité. Le malade est averti de ce changement par la sensation locale d'une

---

(1). *Traité expérimental du typhus traumatique, gangrène ou pourriture des hôpitaux ;* contenant des observations nouvelles sur diverses gangrènes, épidémies, contagions ; sur les antiseptiques, les désinfectants etc, et sur de nouveaux moyens hygiéniques applicables aux hôpitaux. Ouvrage ampliatif de deux mémoires adressés en 1810 et 1811 au Conseil de santé des armées, suivi de pièces justificatives ; par A. F. Ollivier, docteur en médecine de la Faculté de Paris, professeur particulier d'anatomie et de chirurgie, chirurgien du bureau de charité du VIIem arrondissement, médecin honoraire de la société israélite d'encouragement et de secours, ex-chirurgien aide-major, ayant rempli les fonctions de chirurgien-major et de médecin dans divers hôpitaux et ambulances de l'armée d'Espagne. Paris ; 1822, (un vol in 8° ; LIV et 474 p.) ; page 8.

chaleur âcre. A la levée de l'appareil (de pansement,) le chirurgien voit une tache d'un blanc-grisâtre, quelquefois sanguinolente. L'excavation qui l'accompagne est circonscrite par une élévation ordinairement circulaire, qui devient presque toujours très douloureuse, (1). Cette limite, qui est d'un rouge foncé, se détruit, ou plutôt s'éloigne par l'accroissement excentrique du point primitivement affecté ; elle ne tarde pas, en se propageant, à se confondre avec la circonférence de la solution de continuité. (2)... Cependant on n'aperçoit point d'escare ; celle-ci est remplacée par une matière épaisse, tenace, homogène, blanche ou grisâtre, qu'il est très difficile d'enlever entièrement et qui se régénère promptement. Cette matière recouvre une surface charnue inégale ; ici il existe des éminences mamelonnées ou longitudinales ; à leur côté (ce sont) des cavi-

(1). Les cliniciens, qui en ont été témoins, savent que la douleur spontanée attire l'attention et qu'il existe en outre, une vive hyperesthésie au moindre contact de la surface de l'ulcère.

(2). « Quelquefois cette circonférence est corrodée dès le commencement : c'est lorsque la plaie a été primitivement envahie en totalité. On voit d'autres fois l'épiderme se détacher près des bords de la plaie : celle-ci s'agrandit plus ou moins irrégulièrement dans toutes ses dimensions ; elle devient plus profonde : la perte de substance est manifeste. » [A. F. Ollivier ; *l. c.* ; p. 9]

tés irrégulières, que l'on ne déterge qu'incomplètement, en introduisant dans chacune de très-petits bourdonnets et en essuyant fortement.

» Cette détersion artificielle n'est pas toujours possible, à cause de l'adhérence de la matière ; elle est douloureuse (1) et constamment suivie d'un suintement de sang. Cette matière varie pour la ténacité : quelquefois résistante, élastique, comme couenneuse, elle est dans d'autres cas visqueuse et plus fluide. Souvent elle présente le premier caractère dans le commencement, et le second vers la fin de cette maladie.

» Celle-ci dure douze ou quinze jours, se prolonge rarement jusqu'au dix-huitième, et plus rarement encore borne sa durée à une semaine. — Lorsqu'elle est disparue, c'est-à-dire lorsque la plaie est détergée, les progrès vers la cicatrisation sont très rapides, — à moins que le blessé n'éprouve une ou plusieurs rechûtes. Dans ce dernier cas, de nouvelles érosions présentent le même caractère, ou celui des autres variétés ;

(1). Cette hyperestésie est réellement pathologique et non pas psychique ou fantaisiste.

elles paraissent dans l'endroit de la plaie primitivement affecté, ou dans des points qui en sont plus ou moins distants (2).

» L'érosion traumatique détruit presque toujours la totalité de la surface ulcéreuse ; je n'ai observé qu'une fois, ajoute A. F. Ollivier, qu'elle se soit bornée à une partie de la solution de continuité, dont le reste conservait les conditions nécessaires à la cicatrisation. Pouteau et Delpech ont aussi noté ce fait.

» Assez rarement, cette variété (de gangrène gazeuse) est compliquée de fièvre. Le plus ordinairement, lorsqu'elle n'a pas une étendue considérable, les fonctions s'accomplissent librement pendant toute sa durée. » A. F. Ollivier a choisi le nom d' « *érosion traumatique* » sans autre motif que l'absence d'escares. « Cette espèce de *gangrène rongeante* pouvait être également désignée sons le nom *d'esthiomène*, dit-il. Elle m'a paru borner ses

(2). « On observe ordinairement cette variété [ulcéreuse] sur des plaies presque cicatrisées, plus rarement sur celles qui suppurent beaucoup. Elle se manifeste quelquefois sur de légères pustules, qui naissent à quelque distance des bords d'une plaie simple ou compliquée de pourriture [d'hôpital], surtout si cette circonférence est une cicatrice tendre et nouvelle.... » [A. F. Ollivier ; *l. c.* 10.]

ravages aux tissus dermoïde et cellulaire » [1] des plaies déjà bourgeonnantes.

Il existe d'autres infections de même nature dont la localisation se cantonne à la peau et au tissu sous-cutané, tous deux intacts.

Dans tous les cas, il convient de savoir l'existence de ces formes, sans gangrène et sans gaz. Quand on est averti, on fait le traitement de la forme encore bénigne ; et on réalise la prophylaxie de la forme grave, qui pouvait succéder, quand on abandonnait l'infection à elle-même par des soins de banalité.

En temps de paix, on n'est pas habitué aux infections par les microbes d'origine tellurique ; et on ne rencontre pas d'ulcères hyperesthésiques sur des plaies qui bourgeonnent.

C'est une des difficultés de la guerre, qui met le chirurgien en présence d'une complication grave, qui commence par se dissimuler sous les apparences d'un simple incident anodin.

---

(1). A. F. Ollivier ; *l. c.*, p. 11.

Sous ce masque de bénignité, c'est le fléau de la gangrène gazeuse, qui débute, ou qui récidive. — Sans temporiser, il faut y pourvoir par des soins exacts, assidus, persévérants.

Deux guérisons

Deux.... c'est peu pour les staticiens habitués aux gros chiffres. Et les guérisons ne sont pas concluantes, si elles se rapportent à des cas avantageux, chez les sujets encore jeunes avec un traitement hâtivement entrepris. Il en va tout autrement, quand on veut s'orienter dans le dédale des difficultés complexes de la clinique ;... les faits les plus simples acquièrent la valeur des fils conducteurs, qui mènent le chercheur en toute sécurité et lui découvrent ce qu'il y a de vraiment certain, ce qu'il peut contrôler et vérifier, pour sortir d'un doute cruel en présence de l'important fléau, qu'est la gangrène gazeuse.

Les deux observations qui suivent sont contemporaines ; elles ont l'avantage de se compléter mutuellement ; car les résultats se confirment l'un l'autre.

Le 9 mai 1915, à 11 heures, un obus éclate dans une tranchée à Lombaertzyde. Plusieurs éclats atteignent le zouave Paul R.... du 4me

Régiment, 11me bataillon, 44me compagnie. Ce zouave est un engagé volontaire de la classe 1914, du recrutement d'Avesnes. Dans la vie civile il est verrier dans une flaconnerie qui fabrique pour la pharmacie et la parfumerie à Ohain, canton de Trélon, près de Maubeuge (Nord). D'emblée, le zouave s'aperçoit que les plaies principales sont à la cuisse du côté droit, les seules dont il souffre trop pour soutenir la lutte. Parmi les plaies accessoires, il y en a une étroite non pénétrante située à l'occiput, près de la suture lamboïde ; deux autres s'arrêtent au périoste vers la portion terminale de l'index et du médius de la main du côté gauche. Le zouave dédaigne celles-ci ; et il réserve la totalité de son pansement individuel pour les quatre plaies de la cuisse du côté droit, lesquelles sont produites par deux éclats de l'obus : tous deux ont traversé la cuisse de part en part et ont produit chacun deux plaies en séton. Cela fait, le zouave demeure patiemment dans la tranchée jusqu'à ce que le bombardement soit devenu moins intense. Vers 20 heures, il en sort en se soutenant de deux bâtons, chemine dans le boyau et se présente au poste de secours qui est disposé dans la tranchée de seconde ligne. Dans le sable de la dune, une baraque est organisée au moyen de planches ; l'éclairage est fourni par quelques bougies ; et un médecin aide-major de 2me classe fait méthodiquement un badigeonnage iodé, puis un pansement régulier. C'est dans ce poste de secours régimentaire, que le zouave reçoit son repas du soir, puis le repos de la nuit.

Le 10 mai 1915, vers 4 heures, il est emporté sur un brancard ; et il arrive à Nieuport vers 4 heures 45. L'ambulance de Nieuport est établie dans une cave de la rue des Cuisiniers Là un médecin-major se rend compte de la situation du blessé ; et il constate qu'il n'y a pas lieu de modifier le pansement, lequel a été bien établi par le poste de secours... : il est demeuré correct. Vers 6 heures, le zouave est transporté en automobile jusqu'à l'ambulance belge de Dunkerque, où il arrive, à 7 heures : il y reçoit un repas. Vers 10 heures, il est placé dans un train sanitaire ; et il arrive, sans changer de train, le lendemain 11 mai 1915, vers 8 heures 1/2 à Calais.

Le 11 mai 1915, à l'Hôpital militaire temporaire du Collège des garçons, dès le matin, les plaies de la cuisse du côté droit commencent à présenter plusieurs caractères de nature douteuse. Le pansement est organisé au moyen de l'eau oxygénée et de la teinture d'iode ; mais le blessé n'en est pas soulagé. A mesure que la journée s'avance, il en souffre davantage. C'est pourquoi, vers 18 heures, il est chloroformisé et opéré de plusieurs débridements ; ce soin est suivi d'un large drainage d'avant en arrière de la cuisse du côté droit, puis le pansement est à l'eau oxygénée.

Le 12 mai 1915, dès le matin, on reconnaît que le pus est d'un vert brunâtre, diffluent, très fétide et abondamment chargé de gaz. Toute la région est tuméfiée, sensible au moindre contact. Les téguments ne sont ni rouges, ni chauds, mais très distendus avec une couleur d'un gris pâle, tandis que les surfaces cruentées sont irrégulièrement marbrées de colorations verdâtres et noirâtres. Le blessé est évacué sur l'Hôpital militaire permanent, service des contagieux.

Dès l'admission, les pansements sont à la poudre d'alun et à l'onguent de styrax. Selon les circonstances, ils sont précédés d'un lavage à la solution chaude et saturée d'alun, ou bien d'un lavage froid à l'éther camphré.

Ces pansements sont renouvelés une ou

deux fois chaque jour, en évitant toute compression. L'état général est satisfaisant.

Le 24 mai 1915, la cuisse du côté droit devient plus endolorie et il y a un peu de fièvre. Une tuméfaction survenue à la périphérie correspond à un clapier. Bien que les trois plaies de la face antérieure et de la face externe aient été largement débridées, il est manifeste que l'écoulement des liquides n'est pas encore suffisant. Cette défectuosité contraste avec l'aspect de la quatrième plaie, qui n'étant pas dans une portion déclive, se cicatrise régulièrement. C'est pourquoi, il est pratiqué un quatrième débridement dans la portion la plus déclive ; puis chacun des trois premiers est prolongé jusqu'à la limite des décollements. Le pus est verdâtre, gazeux, fétide, diffluent Au fond des plaies, les tissus sont infiltrés, avec des marbrures irrégulières, vertes, brunes et noires.

Tous les pansements sont à la poudre d'alun, qui est poussée jusque dans les recoins de chaque plaie, et qui serait chassée par le suintement du pus, si n'était la superposition d'une quantité suffisante de gaze blanche ; celle-ci bourre la plaie jusqu'à remplir sa cavité.

Pendant les jours suivants, les pansements sont quotidiens, mais non pas uniformes. En effet, le processus morbide est désormais enrayé, mais incomplètement guéri. Toutes les plaies, désormais étalées, sont devenues faciles à explorer ; et on reconnaît chaque jour que le bourgeonnement suit un processus inégal. Tandis que plusieurs surfaces sont parfaitement régulières, il y en a d'autres qui sont marbrées de noir avec une couleur principale d'un gris verdâtre. Là, les bourgeons présentent des caractères constamment les mêmes ; ils sont lisses, mous, infiltrés, hyperesthésiques. Ce dernier caractère est appréciable dès le moindre contact ; il concorde avec une sensation pénible et spontanée dans la même portion et dans la même étendue : le patient est précis sur ces détails. Chaque fois qu'une altération de ce genre est reconnue, il est appliqué une couche très blanche d'alun pulvérisé sur les bourgeons irréguliers, non ailleurs ; et le lendemain, on trouve cette matière médicamenteuse partiellement maculée par quelques taches d'une couleur noire, très noire. Dès que la croûte ainsi formée est suffisamment différenciée, (généralement au bout de deux jours), elle est enlevée sans peine. — Si la surface est encore d'aspect pathologique, le même pansement est renouvelé à la poudre d'alun. — Si le bourgeonnement est devenu régulier, le pansement est au sparadrap caoutchoucté ou bien au moyen de l'onguent : camphre, eucalyptol, onguent de styrax aâ 1 ; lanoline 3. — Tout d'abord les pansements sont quotidiens. Ensuite, ils sont renouvelés de deux en deux jours.

Pour combattre l'atrophie de la cuisse, (laquelle est devenue importante,) il est mené chaque matin un massage modéré, qui évite le voisinage des plaies et qui est immédiatement suivi d'une série méthodique de mouvements de rééducation de la marche.

Le 26 juin 1915, un clapier nouveau s'est formé vers la portion inférieure de la face externe de la cuisse du côté droit : il y est fait un débridement. Puis, selon qu'on en trouve l'indication, on renouvelle les applications locales de poudre d'alun. C'est le trajet du drain, qui en a le plus longtemps besoin ; et ces pansements ne sont nullement pénibles. Au contraire, la portion, qui a été douloureuse spontanément et hyperesthésique au contact, presque du jour au lendemain, devient indolore et insensible.

Ces soins prennent fin vers la mi-juillet, parce que la cicatrisation des plaies s'achève sans autre incident. Le zouave sort de l'hôpital le 13 août 1915, pour rejoindre le dépôt de son régiment.

Le 9 mai 1915, vers 17 heures, à Nieuport-ville, un obus vient éclater près du pont. Parmi les blessés, se trouve le matelot de 2me classe, Henri Bl.. du 1er Régiment de Fusiliers marins (4me dépôt à Rochefort.) Ce marin, originaire de Plazac, canton de Montignac (Dordogne), est employé, comme d'autres membres de sa famille, par l'administration des Postes, Télégraphes et Téléphones. Il n'a été malade qu'une fois... : en octobre 1914, il a été évacué du front pour fièvre typhoïde. Actuellement âgé de 20 ans, il est dans un bon état constitutionnel. Cette fois, il est blessé du côté droit du corps ; et il porte des plaies simultanées à l'avant-bras, au bras, à la fesse et à la cuisse du côté droit. Le premier pansement est fait presque aussitôt par M. le médecin-major du 2me Régiment de Fusiliers marins, qui avait installé son poste de secours dans la cave d'une maison toute voisine du pont dont l'ennemi faisait le bombardement ystématique. Un badigeonnage est fait à la einture d'iode; puis chacune des plaies est ourvue d'un copieux pansement.

Le 10 mai 1915, à 4 heures, le blessé est vacué en automobile jusqu'à une ambulance ituée à Coxyde. Là, un médecin principal de 'Armée française fait une injection hypodermique de sérum antitétanique. Une autre vacuation est faite en automobile de Coxyde Adinkerque. A partir d'Adinkerque, le 'oyage est continué en chemin de fer, avec n stationnement de 4 heures à Dunkerque ; t le blessé arrive le même 10 mai, vers le oir, à l'hôpital militaire temporaire du Collège les garçons de Calais.

Le 11 mai 1915, on constate ; 1° une petite laie circulaire sur le bord postéro-interne de 'olécrâne du côté droit ; 2° une petite plaie de a face antéro-interne de la portion moyenne le l'avant-bras du même côté ; 3° une petite laie de la portion externe de la fesse du nême côté ; enfin 4° et 5° deux plaies rofondes des portions antéro-externes du nilieu de la cuisse du même côté. Il y est ppliqué des pansements humides à l'eau xygénée. — Dès le soir même, vers 23 heures, le matelot commence à signaler une douleur dans la cuisse du côté droit ; et cette douleur est d'emblée violente, très violente.

Le 12 mai 1915, dès le matin, toute la cuisse est infiltrée, avec une tuméfaction particulièrement importante vers la face antérieure, en une forme acuminée du foyer traumatique, comme si on devait y trouver un hématôme. La température est de 38°4 Une première incision agrandit la plaie traumatique de la face externe de la cuisse et traverse le *fascia lata ;* en pénétrant dans le corps charnu, le doigt explorateur ne rencontre ni projectile, ni débris de vêtements Une deuxième incision, pratiquée sur la face interne, longe le trajet des vaissaux fémoraux et ne conduit pas non plus sur des corps étrangers, ni dans des caillots. Une troisième incision traverse le milieu de la face antérieure de la cuisse, sans autre résultat que celui d'évacuer un liquide albumineux, louche et peu coloré en gris. Les muscles incisés sont ramollis, d'un vert foncé et d'une température à peu près normale. Après un lavage à l'eau oxygénée, les pansements sont humides ; et le drainage des plaies est établi au moyen de compresses de gaze blanche, qui ne pénètrent guère au-delà du tissu cellulaire sous-cutané. — Le soir, la douleur de la cuisse est atténuée, non disparue. La température est 39° ; le pouls 76. Il y a de la crépitation gazeuse dans toute la face antérieure de la cuisse. Des gaz fétides s'échappent de la plaie : ils ont l'odeur de la gangrène gazeuse. La sanie est d'un vert foncé, presque noirâtre. Les chairs sont gonflées, molles, hyperesthésiques, en partie grisâtres, en partie noires. Tous les pansements de la cuisse sont à la poudre d'alun, qui est poussée en abondance dans tous les recoins accessibles et retenue par des compresses de gaze chiffonnée.

Dès le lendemain 13 mai, la douleur est atténuée et la sécrétion moins abondante. Les pansements à la poudre d'alun sont renouvelés deux fois chaque jour. Afin d'en faciliter l'exécution, le pourtour de chaque plaie et la première couche de gaze sont imbibés du baume composé : camphre, eucalyptol, onguent de styrax, aâ 1 ; lanoline hydratée, 3. — Pendant toute une semaine, les pansements sont ainsi renouvelés deux fois par jour, sans enlever les couches d'alun qui sont demeurées adhérentes.

Le 22 mai 1915, la cuisse n'est presque plus tuméfiée. Le blessé a récupéré la vigueur nécessaire pour enlever le talon de dessus le plan du lit. Plusieurs croûtes d'alun tombent sans effort ; et elles mettent à découvert des bourgeons charnus parfaitement réguliers. Les indications ne sont donc plus uniformément les mêmes....... La poudre d'alun n'est plus appliquée que sur les portions brunes hyperesthésiques et ramollies des plaies. Sur le reste des surfaces, le pansement se réduit à une seule couche de gaze, copieusement imbibée de baume, puis aux pièces d'ouate absorbante.

Vers le 20 juin 1915, chacune des plaies bourgeonne régulièrement. L'amyotrophie est combattue par des frictions, suivies d'exercice de mobilisation. Les pansements sont de simples écussons de sparadrap diachylon renouvelés à des intervalles de quatre jours.

En juillet 1915, presque toutes les plaies sont cicatrisées ; mais il en reste trois, dont le bourgeonnement est exubérant ... : les pansements sont au sucre en poudre ; et ils sont renouvelés chaque jour.

Le 26 juin 1915, est survenue une affection intercurrente ; et le blessé la rapproche d'un état préexistant, alors qualifié défaillance de genoux. Brusquement, tandis qu'il marche comme de coutume, l'homme subit une flexion forte et involontaire du genou du côté droit ; et il s'affaise, sans cependant qu'il descende jusqu'au sol, Une hydarthrose aiguë apparaît dès lors avec une stupeur, puis une amyotrophie importante du quadriceps fémoral.. Après quelques jours de repos, on recommence les frictions de la face antérieure de la cuisse et les exercices d'assouplissement.

Dès que c'est possible, on y ajoute les exercices de mécanothérapie par l'appareil d'Amédée Bonnet et par le vélocipède de chambre. La guérison est obtenue complètement.

Le 16 juillet 1915, le marin est évacué de l'Hôpital militaire permanent de Calais, sur le Dépôt de son Régiment.

Des deux guérisons observées à la fois, il faut d'abord conclure la rapidité des changements dans la marche de la gangrène gazeuse, même au début de son évolution.

On remarquera ensuite l'utilité et l'innocuité des applications hâtives d'alun en poudre, alors même que la nature de la gangrène gazeuse n'est pas encore confirmée. Son efficacité demeure subordonnée aux débridements préalables, soit au thermocautère, soit au bistouri. C'est d'ailleurs une condition nécessaire pour se bien rendre compte de l'action du médicament, qui est indolore par lui-même, mais qui doit être appliqué sur les portions plus ou moins sensibles des plaies infectées.

Il reste à trouver le procédé pour faire tenir la poudre dans les régions d'où elle tombe aisément, et aussi dans celles d'où elle est chassée par les liquides, qui suintent abondamment des plaies. Un médicament de consistance pâteuse, comme du miel, trouve ainsi son indication.

On déterminera, en son temps, si à l'alun il faut préférer le sulfate de fer, celui du zinc, celui du cuivre, ou quelqu'autre sel de meilleur choix.

En 1880, Jules Rochard l'écrivait bien ; la gangrène gazeuse, qu'on voit encore de temps en temps (en période de paix) dans les hôpitaux, ne s'y montre pas bien grave. Au bout de quelques jours, la plaie se déterge, le détritus se détache de lui-même et laisse à nu une couche de bourgeons charnus. Un pus de bonne nature remplace l'ischor du début ;

la cicatrisation reprend son cours ; et, en dix ou douze jours, toute trace de la complication a disparu.

» En temps d'épidémie, elle résiste davantage. — Dans les cas les plus heureux, la couche pulpeuse diminue d'épaisseur par une fonte imperceptible ; elle devient plus transparente et laisse apercevoir çà et là quelques bourgeons charnus, qui finissent par la traverser. Parfois les couches superficielles de la fausse membrane se liquéfient, mais les profondes restent adhérentes ; et, quand on les lave, elles prennent un aspect pelucheux dû à de petits fragments de tissu cellulaire qui ont résisté. Enfin tout cela se détache ; la plaie reprend son aspect normal et présente une excavation, que les bourgeons charnus se hâtent de combler. — Dans la forme ulcéreuse (de la gangrène gazeuse), lorsque la terminaison est favorable, les progrès de la destruction s'arrêtent ; le fond se déterge ; la suppuration se rétablit ; et la cicatrisation recommence à marcher. Dans des cas plus rares, la surface se dessèche, se crevasse ; la secrétion du pus s'arrête ; et la plaie, pâle, jaunâtre, luisante, prend une consistance coriace. Cet état atonique annonce souvent, au dire de Wolff l'invasion prochaine de la pyohémie (1).....

» En résumé la guérison, spontanée de la maladie n'est pas la règle, même dans les conditions les plus favorables.

» Le plus souvent, c'est le traitement, c'est la cautérisation, qui entravent sa marche.

» Lorsqu'ils réussissent, on trouve, à la chûte des escares, la plaie modifiée dans sa nature. Ensuite commence le travail de cicatrisation. » (2).... Certes, il faut répéter le mot de Jules Rochard : *la guérison spontanée n'est pas la règle........ !* et c'est précisément pour ce motif qu'il ne faut pas compter sur l'évolution spontanée.

Ce n'est pas devant l'infection gangréneuse qu'il est loisible d'attendre la salutaire intervention de la *Natura médicatrix*. C'est le traitement, qui entrave la marche néfaste du fléau.

J. Rochard n'y contredirait pas, pour être efficace, le traitement doit venir à son heure, c'est-à-dire hâtivement, alors que la

---

(1) Wolff. *Recherches sur la pourriture d'hôpital.* Paris 1875.

(2) J. Rochard. art. pourriture d'hôpital du *Nouv. dictionn. de méd. et de chir. pratiques* de Jaccoud. Paris. 1880 ; XXIX 490.

complication, encore locale, ne s'est point généralisée. L'habileté du chirurgien, en temps d'épidémie, consistera toujours à *devancer la phase gangréneuse* du fléau.

Il ne faut donc pas attendre la confirmation du diagnostic de la gangrène gazeuse. Aussi bien, il y a peut-être encore quelques attardés, qui cherchent un diagnostic différenciel. Et cependant, dès 1880, J. Rochard l'a écrit (1) ; — « Il est inutile d'établir le diagnostic différenciel de la pourriture d'hôpital et de la gangrène. La gangrène n'est pas une maladie ; c'est la terminaison d'une foule d'états pathologiques différents, la conséquence forcée de toute lésion qui arrête la circulation dans une partie de l'organisme et l'empêche de se nourrir. » Cela n'empêche pas cet auteur de reconnaître que la pourriture d'hôpital et la gangrène, c'est la même chose ; mais il a sa manière de dire cette *identité*.... « La pourriture d'hôpital la produit parfois (la gangrène), ainsi que nous l'avons dit, en détruisant sur un point de leurs parcours, les vaisseaux qui alimentent un membre. Dans les cas ordinaires, elle (la gangrène) procède à la destruction des parties

(1). Jules Rochard ; *l. c.* 494.

en provoquant la gangrène moléculaire de leurs éléments anatomiques ; mais, lorsqu'elle se produit en dehors de cette cause spécifique, et par son mécanisme ordinaire, la gangrène se limite d'elle-même et ne se transmet jamais par contagion. » (1).

En 1915, M. Cornet se range à la suite de MM. Potherat, Aug. Broca et autres, pour écarter les subtilités parmi les formes diverses du « syndrôme gangréneux. »

« La gangrène gazeuse évolue parfois en quelques heures après le traumatisme : la toxémie est alors foudroyante. — Mais souvent, les symptômes n'apparaissent qu'au bout de deux, trois, ou quatre jours. A la phase initiale de l'infection, les symptômes sont variables et discrets ; et le syndrôme est fragile (2) : crépitation gazeuse localisée, douleur de tension plus ou moins vive, réaction thermométrique et toxémie plus ou moins atténuées. On se demande si le syndrôme débute pour un phlegmon gangréneux sans tendance envahis-

(1) *ibidem.* 494.

(2). L'expression imagée déplaît à ceux qui constatent la réalité du diagnostic ; mais elle convient aux chirurgiens, qui se disposent à une thérapeutique rapide et hardie, celle qui arrive en temps utile, celle qui guérit.

sante, ou bien si c'est pour une septicémie gazeuse déjà constituée, circonscrite, ou préludant à un envahissement de tout le membre. Le problème n'est pas toujours aisé à résoudre. Par conséquent, il y a de l'indécision pour discerner les indications opératoires, entre une amputation et de larges débridements.

» C'est pourtant à cette période,.... mal caractérisée dans ses signes, étroitement limitée dans le temps, sorte de *freie intervall* entre la trauma et l'apparition des symptômes graves (1), que l'intervention chirurgicale, largement opérée, peut, si la toxémie n'est pas trop avancée, avoir quelque efficacité.

» On voit la suite logique de cet enchaînement de la conclusion qui s'impose ; il est temps d'instituer, avant la lettre, c'est-à-dire avant tout symptôme d'infection, une thérapeutique énergique et dirimante de la septicémie » gangréneuse. (2).

---

(1) Hippocrate disait : *occasio præceps.*

(2) La blessure intra-musculaire par éclat d'obus *chambre d'attrition* septique. Nécessité d'un débridement préventif et immédiat, avec stérilisation de la blessure dans les ambulances de l'avant, par M. le méd. major Cornet, médecin-chef de l'Hôpital complémentaire n° 8. *Journal des praticiens* ; XXIXme année ; Paris, 20 nov. 1915 ; p. 749.

A. F. Ollivier avait déjà insisté sur ce que les formes ou variétés, semblent, dans bien des cas, être seulement des degrés divers de la même infection ([1]). Après avoir décrit la forme ulcéreuse sous le nom d'érosion sans escare apparente, il en est relate une autre, l'érosion avec escare. « Cette variété est plus grave que la précédente, dit-il, ([2]). Non seulement l'érosion a lieu en laissant pour résidu une espèce de couenne plus tenace ; mais, de plus, les tissus cellulaires, musculeux, fibreux, etc., tombent en lambeaux et véritables escares ; les bords de la solution de continuité sont

---

(1) A. F. Ollivier. *Traité expérimental du typhus traumatique, gangrène ou pourriture des hôpitaux.* Paris 1822 ; p. 8.

(2) *ibidem* ; p. 11.

Au dire d'Ollivier, il est impossible de rapporter et de décrire toutes les variétés, que la gangrène gazeuse présente pour la marche, la durée, la terminaison, les complications, l'état de douleur, d'indolence, l'absence ou l'intensité de la fièvre, et *surtout ses phénomènes locaux*, dont la description la plus exacte ne donnerait que des *idées incomplètes à ceux qui n'ont jamais observé cette complication*.

Les anomalies, qu'elle présente sous ces différents rapports, sont nombreuses, non seulement dans une épidémie, mais surtout lorsqu'on en compare plusieurs ensemble.

La même épidémie n'offre pas ordinairement les mêmes caractères pendant toute sa durée. — L'épidémie de 1807 à l'Hôtel-Dieu de Paris, n'a donné que deux décès. — Celle que Vautier a observée en 1810 et en 1811 dans le même hôpital, a été très meurtrière. Les causes de cette différence me sont inconnues, ajoute Ollivier.

plus douloureux, plus tuméfiés (1) ; leur couleur est cuivreuse ; le fond de l'ulcère, presque toujours grisâtre, est quelquefois brunâtre, et même noir, dans plusieurs de ses points : la suppuration est assez fréquemment sanguinolente, particulièrement, là ou existent les escares.

» Si cette affection est peu étendue, elle influence peu les viscères ; mais, dans les cas graves et par ses progrès successifs, cette influence devient très manifeste. Il en résulte anorexie, agitation, insomnie, fièvre : symptômes qui m'ont paru être en raison de la

(1.) « Cette élévation des bords de la plaie est due à un boursouflement qui s'étend assez loin. Alors, les environs sont, non seulement élevés, mais encore élastiques, la couleur rouge violacée disparaît par l'impression du doigt, qui n'affaise point la partie, tant que la maladie est récente, avec l'apparence d'une vive inflammation et que la constitution du malade n'est point altérée. — Mais, dans la dernière période, lorsque le sujet est épuisé, cette tuméfaction, au lieu d'être rénitente, prend un caractère œdémateux, une couleur blafarde ; la sensibilité s'y affaiblit, disparaît même. — Je comparerais volontiers la tumeur élastique et douloureuse de la première période à celle que j'ai observée autour de la pustule maligne, écrit Ollivier, si celle-ci, plus rénitente encore, ne donnait pas la sensation que ferait éprouver la réunion du gonflement inflammatoire et emphysémateux. » (*note* des pp. 11 et 12.) — On remarquera ce mot *emphysémateux* ; il ne peut se rapporter qu'aux gaz, dont les auteurs de ce temps dédaignaient de signaler l'existence. Le mot suffit pour établir qu'il s'agissait bien réellement de la gangrène gazeuse.

violence des douleurs.... J'ai vu la fièvre secondaire présenter, de prime abord, des symptômes dits ataxiques.

» La première observation de cette nature fut faite, en 1807, sur une femme qui fut admise à l'Hôtel-Dieu pour être soignée d'une brûlure profonde, qui occupait presque toute la paroi abdominale : la pourriture d'hôpital ne tarda pas à s'en emparer ; elle fit de rapides progrès, auxquels je crus devoir attribuer l'intensité de la fièvre et les accidents nerveux qui l'accompagnèrent....... (1)

» Très souvent la terminaison est favorable... ; elle a lieu du quinzième au vingtième jour ; rarement elle est plus tardive, quoique je l'ai vu se faire attendre pendant un mois chez un jeune militaire, qui, blessé d'un coup de sabre au dos de la main droite, perdit l'usage du doigt auriculaire à cause de l'exfoliation du tendon extenseur. — Après la détersion, la surface ulcérée est inégale, parce que la destruction des tissus a été plus grande dans une partie que dans une autre.

---

(1) « Cette variété se montre plus ou moins funeste dans les sujets affaiblis par les maladies antérieures, affectés de phlegmasies chroniques des viscères, et chez ceux qui respirent un air malsain, qui sont mal soignés, mal nourris, etc. » (A. F. Ollivier ; p. 13.)

» Cette variété succède souvent à la première. — Elle peut récidiver. On peut, en général, assurer que les rechutes sont plus graves que l'affection primitive : leur nombre n'est point limité. Lombard a vu cette gangrène se reproduire jusqu'à huit fois. » (A. F. Ollivier.)

Il est donc prudent de renouveler les pansements fréquemment, d'observer tous les détails des plaies, et d'instituer le traitement dès le début de la récidive, sans attendre que les premiers signes soient confirmés. Loin d'être un motif de temporisation, la douleur du blessé doit inspirer au chirurgien l'énergie de sa résolution ; car il n'y a pas de temps à perdre pour guérir hardiment et sûrement.

Avertissement séculaire.

Il y a quelques hypercritiques, qui retardent d'un siècle. Sous prétexte de sortir du doute, ils ne savent pas que, parmi les nombreuses formes cliniques de l'infection gangréneuse, il y en a au moins une, qui n'a ni gaz, ni gangrène ; et ce n'est certes pas la moins importante, puisqu'elle est curable.

Il y a un siècle J. Delpech l'écrivait : — « La première forme primitive de la pourriture d'hôpital, à laquelle nous avons donné le nom d'*espèce ulcéreuse* (1), s'annonce ordinairement par une douleur d'abord légère, qui devient rapidement plus intense, et qui affecte un ou plusieurs points de la surface d'une plaie, d'ailleurs bien conditionnée, et qui, jusque-là, avait présenté tous les phénomènes du travail de la cicatrisation.

» Presque tout aussitôt on s'aperçoit, dans le point douloureux, d'une légère exca-

---

(1). *Mémoire sur la complication des plaies et des ulcères, connue sous le nom de pourriture d'hôpital ;* par J. Delpech. Paris, 1815 ; pp. 4-5.

vation, d'une sorte d'alvéole plus ou moins profonde, toujours peu étendue dans le principe, ordinairement circulaire, régulièrement circonscrite par des bords aigüs et relevés dont la couleur est plus foncée que celle du reste de la surface suppurante, et dont les bords, surtout, ont une teinte manifestement vinacée. ([1]).

» Le fond de cette petite excavation est occupé par un ichor brunâtre et tenace. Après avoir abstergé cette humeur, on peut s'assurer facilement que l'excavation elle-même n'est autre chose qu'un point d'ulcération spontanée, qui vient de se développer sur la surface suppurante, et qui marque le premier pas de la désorganisation, ou plutôt de la perte de substance, qu'une nouvelle affection va produire. Il faut une loupe pour étudier, à cette époque, la forme particulière des bourgeons charnus qui recouvrent l'ulcération ;

---

(2). Les caractères de la *forme ulcéreuse* sont donc délicats à bien apprécier.

Il faut commencer par ne pas dédaigner la réalité de la douleur spontanée. Selon cette première indication, il est bon de rechercher l'hyperesthésie : il suffit de *toucher d'un doigt léger* toute la surface de la plaie. Qu'on examine ensuite la portion qui ne supporte pas le moindre contact du doigt explorateur ; et on reconnaîtra l'exactitude de la description de J. Delpech.

mais, bientôt, les progrès de la maladie rendront cette partie de l'observation bien plus facile et plus commode.

» Ce premier point d'ulcération, lorsqu'il est unique, s'étend en surface par l'éloignement progressif et plus ou moins rapide de ses bords, de manière à gagner peu à peu la totalité de la plaie. — Il s'étend aussi en profondeur, et détruit de la sorte les parties, sur lesquelles il s'est établi, sans autre résidu que la matière ichoreuse qui le recouvre.

» Lorsque plusieurs points d'ulcération se sont déclarés en même temps, ils se rapprochent et finissent par se confondre, à la faveur de leurs progrès et de l'éloignement de leurs bords respectifs. — La maladie marche toujours plus rapidement après la réunion de plusieurs ulcérations, qu'elle ne le faisait tant qu'elles existaient isolément — Mais, dans tous les cas, sa marche est très variable. Il est évident que, dans tous les cas que nous venons de décrire, celui où elle débute par un ou plusieurs points d'ulcération distincts, la maladie reste pendant quelque temps bornée à quelques points de la surface suppurante.

» Tandis que la pourriture d'hôpital se déclare ainsi dans un espace limité, le reste de la plaie conserve les plus heureuses dispositions : la suppuration y garde ses caractères légitimes ; la couleur et l'aspect des chairs sont satisfaisans ; la douleur est bornée aux points affectés et le reste ne présente même pas de sensibilité extraordinaire ([1]). Il arrive même communément que les bords de la plaie primitive ne se boursouflent pas ; qu'ils restent minces, couverts de la pellicule blanchâtre qui présage une cicatrisation progressive ; et que ce travail médicatif de la nature continue en effet jusqu'au moment où les progrès de l'ulcération, qui caractérise la pourriture d'hôpital, gagne les bords où cette fonction s'accomplissait.

» Nous avons fait des observations de ce genre sur un grand nombre de plaies fort étendues, où la pourriture d'hôpital faisait des progrès très lents, ou bien dans lesquelles les progrès de cette même complication avaient été suspendus ou ralentis par des procédés

---

(1) Sur ce point, J. Delpech a fait une confusion. La douleur *spontanée* est diffuse ; et le blessé ne sait pas s'en exprimer ; jamais il n'est précis C'est le contraire pour l'hyperesthésie ; la douleur *provoquée* par le moindre contact, par le frôlement le plus superficiel, est bornée à l'ulcère infectieux. C'est dans ses limites que la sensibilité se montre anormale, vraiment extraordinaire comme toute hyperesthésie

incapables de l'arrêter totalement ou de la faire disparaître. — Dans ces occasions, il nous est arrivé souvent [1] de voir une partie de la cicatrice s'accomplir d'un côté, tandis que d'un autre la pourriture d'hôpital faisait des ravages. Nous avons vu cette dernière détruire, le lendemain, un point de cicatrisation qui s'était terminé la veille.

» Mais il est d'autres cas, dans lesquels la pourriture d'hôpital ulcéreuse parait entreprendre d'emblée la totalité d'une surface suppurante plus ou moins étendue. Dans ces cas, la douleur se fait sentir dans la totalité de la plaie ou de l'ulcère ; la suppuration est diminuée et change de nature ; elle devient ichoreuse, brune, tenace et sanguinolente, ou plutôt mêlée de quelques stries de sang ; elle exhale, en même temps, une odeur fétide particulière et qui ne peut être décrite [2]. La plaie s'étend plus ou moins rapidement et dans tous les sens. Son fond est d'une teinte violacée ; cette couleur se répand ensuite sur

(1) Ce contraste a été vu plusieurs fois à Calais. Il y a été pourvu par des applications, directes et réitérées, d'alun pulvérisé ; et la guérison a été obtenue.

(2) v. le chapitre « *fétidité* ».

les bords et jusqu'à une certaine distance.— Si l'on examine attentivement les bourgeons charnus, on s'aperçoit qu'ils ont changé de forme. Au lieu de la disposition hémisphérique, que chacun d'eux présentait, ils sont devenus coniques, et beaucoup plus menus ; et le sommet de chacun d'eux est marqué d'une teinte sanglante, que l'on croirait formée par autant de gouttelettes de sang coagulé. Cependant si l'on essuie la surface de la plaie, on ne peut faire disparaître ces taches. Il est bien plus probable qu'elles sont formées par autant d'ecchymoses, qui résident sous la pellicule superficielle, dont toutes les ulcérations sont recouvertes. — Ces mêmes caractères des bourgeons charnus peuvent être reconnus dans les ulcérations isolées, par lesquelles peut débuter la pourriture d'hôpital ulcéreuse.»(1)

Les observateurs attentifs ont reconnu maintes fois que Delpech ne s'est pas trompé. La forme ulcéreuse, dont il a donné la description, appartient réellement au syndrôme

---

(1) J. Delpech ; *l.c.* ; p. 8.

de l'infection gangréneuse, bien qu'on y trouve ni gaz, ni gangrène.

Le pansement à l'alun pulvérisé, s'il est assidument renouvelé, aboutit à la guérison.

Si la forme ulcéreuse est délaissée, il n'est que trop fréquent de la voir évoluer par l'une des autres formes de cette redoutable gangrène gazeuse, qui devient rapidement mortelle.

Epidémie non contagieuse.

P. F. Percy était qualifié pour exprimer l'opinion des chirurgiens militaires de son temps. L'infection gangréneuse s'appelait « pourriture d'hôpital. » (1) ; mais il n'est pas douteux qu'il s'agit du fléau actuellement nommé gangrène gazeuse.

« Quoique les plaies faites par les instruments tranchans ne soient pas exemptes de la pourriture d'hôpital, nous trouvons, écrit Percy (tome XLV, p. 12), dans la nature de celles faites par les armes à feu, une cause qui les rend plus sujettes à cet accident. Non seulement ces dernières sont, comme on l'a

---

(1) Dans le *Dictionnaire en 60 volumes*, (ouvrage le plus accrédité de cette époque.) l'article *gangrène* est écrit par Hébréard ; et l'auteur classe en un article III toutes les variétés alors connues de *gangrènes par l'action des délétères*, (tome XVII ; page 327.) C'est là que devraient se rencontrer les renseignements accrédités ou acquis sur l'infection gangréneuse des blessés de guerre.

Mais l'auteur précise, page 331 : « La gangrène qui a lieu par l'absortion des miasmes, qui se développent dans les hôpitaux mal dirigés, sera traitée à l'article *pourriture d'hôpital* » (1816.)

Cet article a paru quatre ans plus tard ; il est signé par Percy et Laurent.

fort bien dit, des plaies contuses au plus haut degré ; mais encore elles sont toutes accompagnées d'une commotion, qui jette le membre blessé, et quelquefois toute l'économie, dans une stupeur plus ou moins étendue et profonde, dont les degrés ne sont pas facilement appréciables. Cette impression favorise d'autant plus l'action des causes... qu'elle s'efface et disparaît plus lentement.

» L'influence des causes morales vient souvent hâter ou augmenter l'action de toutes les causes physiques ; et c'est dans les hôpitaux militaires surtout qu'elle se fait remarquer plus particulièrement. Aux fatigues, aux excès ou aux privations qui ont précédé le combat, succèdent l'émotion, la terreur, la colère, qui agitent le soldat pendant l'action. Est-il blessé ? il s'inquiète sur son état, et montre une répugnance souvent trop bien fondée, [1] et même du chagrin d'être obligé d'entrer dans les hôpitaux. — A peine y est-il, qu'il éprouve

---

[1] On remarquera que l'appréciation de Percy reflète l'opinion des chirurgiens militaires de la Révolution et du premier Empire. Le discrédit des hôpitaux de cette époque est devenu légendaire.

Lallemand, qui fut plus tard prof. à Montpellier, a recueilli l'observation d'un cultivateur de forte stature, qui entra le 21 juin 1816 à l'Hôtel-Dieu de Paris, pour y être opéré de la cataracte par Dupuytren. Le quatrième jour, pour

l'ennui de ne plus voir les camarades avec lesquels il était le plus lié, ou déplore la perte de quelques uns d'entre-eux ; il se trouve entouré d'objets lugubres et repoussans ; les souvenirs du pays, dont il est souvent éloigné, viennent l'assaillir ; la tristesse et le chagrin ne tardent pas à s'emparer de son âme et le jettent dans un abattement funeste, qui le dispose à la maladie. — Les jeunes soldats tombent plutôt dans cet état que les anciens, dont l'âge, l'expérience et l'habitude de souffrir ont formé le caractère. (1)

».... L'hiver de 1597 fut une époque remarquable par l'épidémie désastreuse de

---

combattre une ophthalmie, on appliqua un séton à la nuque. Une pourriture d'hôpital y survint, et détruisit toute la peau de la nuque et de la partie supérieure du dos. Puis survint un état adynamique : et l'opéré mourut huit jours après. [Ollivier : *l. c.* 374, 75]

(1). Au cours de la guerre de 1914-1916, cela s'est vu pour les prisonniers de guerre de nationalité allemande, du moins dans les hôpitaux de Calais.

« Nous n'avons pas remarqué, écrit Percy, de différence bien sensible dans le caractère de la marche de cette dégénération des plaies suppurante dans le nord de l'Allemagne, en Espagne et en Italie. Nous sommes cependant fondés à croire que, si elle se montre moins souvent dans le midi, elle y fait, quand elle s'y est développée, de plus grands ravages qu'au nord. — C'est dans les hôpitaux de Madrid que nous lui avons vu causer les désordres les plus affreux ; mais il faut avouer que nulle part aussi nous n'avons vu tant de circonstances propres à favoriser cette funeste maladie. » (T. XLV ; p. 13).

pourriture d'hôpital, qui attaqua dans l'Hôtel-Dieu de Paris tous les blessés qui s'y trouvaient réunis par l'indisposition de l'air vain et humide.

» On a vu le même fléau se reproduire dans le même local, et aussi à l'hôpital Saint-Louis, en mars 1814, sur les blessés provenant de la bataille qui s'était donnée sous les murs de Paris. Les vingt-deux amputés, qui se trouvaient à l'Hôtel-Dieu, furent tous attaqués de la pourriture d'hôpital.

» Une indigestion, une affection gastrique, un mouvement fébrile, et même des causes plus légères encore (1) suffisent, quand un malade y est disposé d'ailleurs, pour déterminer dans sa plaie ce changement funeste, en troublant le mode de vitalité qui constitue le travail de la suppuration. — C'est ainsi que des tentatives pour extraire un corps étranger, sans être portés jusqu'à l'impossibilité, une incision, d'ailleurs nécessaire, ont eu quelquefois ce fâcheux résultat.... » Cette sagace remarque de Percy a été oubliée au commencement de la guerre de 1914-1915. Il a fallu

(1). Ce n'était pas des causes ; c'étaient de simples occasions....; car la véritable cause était alors inconnue.

une démonstration nouvelle ; ce fut fait à la *Société de chirurgie de Paris* les 13 et 20 octobre 1915.

Après avoir énoncé toutes les causes alors admises de la pourriture d'hôpital, Percy et Laurent tentent de « fixer l'opinion encore incertaine sur la question de la contagion.

» En voyant cette maladie, une fois développée dans une salle de blessés, en frapper successivement le plus grand nombre, quelquefois n'en épargner aucun, et se propager ensuite dans tout l'hôpital, on a dû la regarder comme essentiellement contagieuse; et ce fut l'opinion à peu près générale. — Cependant nous ne voyons nulle part que les anciens aient attribué cette qualité à la matière des ulcères qu'ils appelaient putrides et que nous croyons avoir été souvent des ulcères atteints de pourriture d'hôpital.

» Ambroise Paré lui-même, si tant est que cette affection ait été la cause qui fit succomber un si grand nombre de blessés au siège de Rouen (en 1562) et dans les guerres des années qui précédèrent (1550, 1551, 1552) ; Ambroise Paré, disons-nous, ne l'attribuait qu'à l'air environnant, corrompu et vicié. — Cette pourriture, laquelle, dit-il, nous a rendu ces années passées les plaies altérées, et grande putréfaction, tant à la chair qu'aux os, (livres X et XI *des plaies d'arquebuses*.) ...., — et nulle part il ne profère le mot de contagion. [1].

» En 1749, et pendant les trois années qui suivirent, Cajetan Tacconi observa à Bologne

---

(1). Percy n'exagère pas ; et, si Ambroise Paré avait pensé que la contagion fût *possible*, il n'aurait pas manqué de le dire.

Dans le neuvième livre : *des playes d'harquebuses*, il y a un chap. IX : comme les maladies sont compliquées. — «... Or pour sçavoir traiter artificiellement toutes ces complications, on doit suivre la doctrine de Galien au 7e livre de *la Méthode*, laquelle nous exhorte à considérer ès affections compliquées, la plus urgente, la cause, et celle sans laquelle la maladie ne peut estre ostée, qui sont choses de grande importance en toute curation. Et là où l'empirique a défaut de conseil, le rationel est dirigé par ces trois petits mots dorés, desquels dépend l'ordre et méthode de procéder en icelles dispositions.

» Pour conclusion, toutes lesdites indications ne sont que pour venir à deux fins.....

» Mais aucunes fois il n'est (pas) possible (de) mettre lesdites indications en exécution, à cause de la grandeur de la playe, ou par excès et inobéissance du patient, ou à raison de quelques autres dispositions survenues par l'ignorance du Chirurgien, ou mauvaise et indue application des médicamens : pour-ce qu'au moyen de ces choses, surviennent grandes douleurs, fièvres, apostèmes, *gangrènes* (vulgairement et abusivement dites *estiomenes*), mortifications et souventes fois la mort.

» D'avantage ceux qui reçoivent coups d'harquebuses, souvent meurent, ou bien demeurent estropiés ou mutilés à jamais. » (Ambroise Paré ; *édition de Malgaigne*. Paris, 1840 ; tome II ; pages 162-163.)

que la pourriture s'emparait de toutes les plaies, ce qui le porta à la regarder comme contagieuse.

» Pouteau nous paraît être le premier qui, à ce sujet, ait parlé de *virus gangréneux*, qu'il compare aux virus variolique et pestilentiel (*Œuvres posthumes de Claude Pouteau*), et dit être persuadé que l'inoculation de ce prétendu virus par les instruments ou les doitgs des chirurgiens, le linge, la charpie [1] sont les voies de communication les plus ordinaires, et qu'on peut de cette manière faire naître la pourriture dans l'ulcère le plus simple, chez un individu le mieux constitué et qui respire l'air le plus salubre. Il cite, à l'appui de cette assertion, un exemple de pourriture survenue à une plaie chez une personne demeurant en ville, pour avoir été pansée avec de la charpie prise dans l'Hôtel-Dieu. — Il se cite lui-même et dit que, étant élève, il se piqua en disséquant à la partie latérale du doigt annulaire de la main droite, ce qui ne l'empêcha pas de faire des

(1). La même pensée, en d'autres expressions, a été dite à la *Société de Chirurgie de Paris*, par M. Bazy, le 20 octobre 1915.

pansements, parmi lesquels il y avait trois blessés atteints de la pourriture d'hôpital. Au bout de quelques jours, son doigt s'enflamma ; et il s'y manifesta un point gangréneux ; — mais cette preuve n'est rien moins concluante, car on sait, et tant d'exemples l'ont confirmé, que le fait de la piqure suffisait seul pour cela ; et il est vraisemblable que cet accident lui serait arrivé, lors même qu'il n'aurait pas pansé ces pourritures, avec lesquelles au reste il est fort douteux que son doigt blessé ait été en contact. — Toutes ces observations du célèbre chirurgien de Lyon pour prouver la qualité contagieuse de la pourriture d'hôpital cessent d'être imposantes ; elles perdent beaucoup de leur valeur quand on considère que ce ne sont que des réminiscences ; et qu'il avoue (1) lui-même n'avoir été averti et convaincu de cette propriété contagieuse, que par trois observations, que lui ont communiqué d'autres chirurgiens, et lorsqu'il avait quitté le service de l'Hôtel-Dieu, par conséquent n'étant plus à même de constater par des observations qui lui fussent propres, ce qu'il dit de cette affection et de son caractère contagieux.

---

(1). Claude Pouteau, œuvres posthumes 1782.; Deuxième mémoire ; III, 239.

« L'importance du sujet, et l'opinion de plusieurs chirurgiens distingués, qui admettent avec Pouteau la possibilité de transmettre à une plaie simple la fâcheuse complication qui fait le sujet de cette étude, nous font un devoir, ajoutent Percy et Laurent, d'éclairer par la discussion, et de prouver par des faits irrécusables, ce point intéressant de pathologie chirurgicale.

« Que Pouteau ait cru à la contagion de la pourriture d'hôpital ; qu'il ait avancé dans ses *Mélanges* se l'être inoculée : qu'après lui Dussaussoy et bien d'autres écrivains aient adopté cette opinion, rien en cela ne doit étonner..... Pouteau était sujet à l'erreur, et beaucoup de praticiens ont dû s'égarer sur ses traces ; car on sait avec quelle malheureuse servilité (1) on est porté à adopter sur parole les opinions nouvelles quand elles sont appuyées d'une autorité faite pour en imposer ».

Percy et Laurent se rendent compte de la force d'inertie à laquelle ils se heurtent. C'est pourquoi ils élargissent leur argumentation.

(1) Percy et Laurent ont stigmatisé par là un travers, qui est de toutes les époques. Le XXe siècle n'en est pas exempt.

« Si la pourriture d'hôpital, que Hunter a appelée gangrène ulcéreuse, était contagieuse, et qu'il fallût sacrifier le linge qui a servi à panser les blessés qui en sont atteints, à plus forte raison le carcinome, le cancer, les ulcères phagédéniques, scorbutiques, etc...., auraient cette funeste propriété et exigeraient la même destruction : et cependant on n'a pas même songé (en 1820) à prendre la moindre précaution à leur égard.

« Mais, ce qu'il y a de plus remarquable, on ne s'est pas plus occupé de ce qui concerne les ulcères vénériens, quoique ce soit bien réellement ici qu'il puisse y avoir contagion.

Quelques uns de nos confrères, ajoutent Percy et Laurent (XLV, 15). se souviendront peut-être d'un travail que l'un de nous soumit autrefois à *l'Académie royale de chirurgie* sur l'inoculation syphilitique, dans l'intention de renouveler et de rendre à leur mode primitif des affections dégénérées et devenues inaccessibles au pouvoir des remèdes ordinaires : travail que feu Fabre censura sans raison et contre la raison ; que les Anglais accueillirent et jugèrent par des expériences, et dont ils font (en 1820) une heureuse application dans les maladies chroniques, dont ils attribuent l'origine à des symptômes de syphilis primitivement mal traitée, négligée ou méconnue. — Pour obtenir cette inoculation, dont Fabre seul pouvait nier la posssibilité, on employait le produit de la blennorrhagie récente pour reproduire cette maladie. Le pus des bubons n'était pas plus contagieux que celui d'une phlegmasie ordinaire. Mais le pus des ulcères à la verge (chancres indurés) ne manquait jamais son effet. C'est un fait, dont chacun peut s'assurer ; et il est bien des cas dans la pratique, où ce moyen peut être employé utilement.

» Cependant personne n'a songé, même actuellement (1820), à prescrire de brûler le linge qui a servi à panser les vénériens, ni celui qui a été appliqué sur les anthrax et les carcinomes ulcérés, lors même qu'il a été imprégné d'ichor et de sanie putride. C'est de ce dernier, dont nous croyons qu'on devrait se défier le plus ; car il n'est pas douteux, qu'étant mal lavé, il ne puisse faire sur les plaies qu'on en couvrirait une impression délétère. — Mais nous ne croyons pas qu'il puisse jamais communiquer la pourriture d'hôpital. [1].

(1). L'interprétation est devenue facile depuis qu'on sait

» Il en est de même de la charpie ; et nous opposerons, à l'opinion émise par Pelletan, que des compresses et de la charpie conservées pendant plusieurs années dans les coffres de l'Hôtel-Dieu de Paris, et distribuées à de nombreux blessés hors de cet établissement, avaient déterminé la pourriture d'hôpital ; nous objecterons, disons-nous, que, pendant la guerre d'Espagne, on s'est servi, dans les hôpitaux de Madrid, de linge et de charpie échappés à la combustion spontanée d'un amas de ces objets emmagasinés dans un état d'humidité et d'infection. Cependant il n'y eût dans les différents hôpitaux de cette capitale aucune pourriture d'hôpital pendant les deux mois que dura la consommation ; et ce fut présisément lorsqu'on commença à avoir du beau linge et de la bonne charpie, que cette maladie se manifesta et devint épidémique. » (XLV ; 16)

Percy et Laurent sont « loin de nier que l'introduction dans une plaie récente, et surtout une piqûre, de sucs putréfiés provenant, soit d'un ulcère attaqué de la pourriture d'hôpital, soit de la décomposition.

---

que les microbes pathogènes du cas particulier sont des *anaérobies*. L'exposition à l'air les atténue, puis les détruit.

d'un cadavre, ne puisse déterminer des accidens, dont la gangrène est quelquefois la terminaison. Mais nous ne croyons pas qu'on ait jamais regardé comme contagieux ce dernier état des plaies.

» Quesnay avoue qu'elle n'agit pas immédiatement par contagion sur les parties vivantes ; et il dit positivement que la propriété stupéfiante des sucs corrompus (p.21) diffère de la contagion. [1]. Il est à remarquer que, par ce dernier mot, il n'entend que la propagation du mal d'une partie affectée à la partie saine qui lui est contigüe, en infectant, dit-il, les humeurs, en tuant, pour ainsi dire, les parties vivantes (p. 300), et non la transmission généralement constante de la même maladie, d'un malade à un individu sain par voie de contact immédiat.» (XLV ; 16.)

Percy et Laurent rapportent ensuite les observations et les expériences, sur lesquelles ils se fondent pour établir que la pourriture d'hôpital, « qui, ainsi qu'on en convient

(1.) Actuellement, il est reconnu que les accidents contractés par les chirurgiens et par les infirmiers, au chevet des blessés atteints d'infection gangréneuse, sont des accidents imputables aux *toxines*, et non pas aux microbes pathogènes.

généralement, doit son origine à un concours de causes débilitantes, réunies à l'impression délétère et stupéfiante de miasmes animaux (1) est une *maladie par infection miasmatique.* Elle se propage, à la manière des épidémies, par l'action continue et toujours croissante des mêmes causes, qui atteignent les différents individus, suivant le plus ou moins de dispositions qu'ils ont à être affectés, jusqu'à ce que, leur activité étant épuisée, les effets diminuent ou cessent avec elles.

» Enfin c'est une vraie maladie épidémique et non contagieuse.

» Ce n'est pas la première fois que ces deux caractères ont été confondus, et qu'il en est résulté de l'obscurité et de l'incertitude sur les causes et la nature des maladies. — Les causes de la pourriture d'hôpital persistant peuvent en faire une véritable endémie ; et c'est parce qu'on ne les a point détruites, qu'on voit (en 1820) cette complication régner pendant des années entières, et sans interruption, dans le même hôpital. »

(1.) A notre époque on sait plus exactement qu'en 1820, que le *Vibrio septicus* est un microzoaire, tandis que d'autres microbes pathogènes sont des microphytes... C'est, du moins, l'opinion tenue pour la plus acceptable.

Les mêmes auteurs citent encore (XLV ; 17) « quelques unes des expériences, tentées à Madrid par le Dr Willaume, chirurgien en chef de l'armée, et qui ont été publiées dans le XLIme volume, du *Journal général de médecine* par Guillou, qui s'était approprié ce travail qui ne lui appartenait pas sans même citer le chef distingué qui avait dirigé ces utiles et curieuses recherches. — 1re expérience : De la matière putride, brune, visqueuse, fétide, provenant immédiatement d'un ulcère large et profond frappé de pourriture d'hôpital, a été appliquée, au moyen d'un large plumasseau, sur la peau saine d'un individu en bonne santé, et y est restée vingt-quatre heures sans laisser aucune trace de son séjour. Cette expérience a été renouvelée trois jours de suite sur la même partie sans aucun résultat. — IIme expérience : Un large sinapisme a été appliqué sur le dos d'un rhumatisant. On mit ensuite sur le centre de la partie rubéfiée un plumasseau chargé de matière semblable à celle de l'expérience I. Au bout de vingt-quatre heures, la partie de la peau, qui avait été en contact avec le pus, était revenue à son état naturel, tandis que la circonférence était d'un rouge vif. — IIIme expérience : même application sur une surface dénudée de son épiderme par le moyen d'un vésicatoire. Aucun effet sensible ; guérison simple, — IVme expérience : même application sur une surface privée d'épiderme à la partie intérieure des cuisses par l'effet d'une brûlure avec l'eau bouillante. La brûlure a été guérie en très peu de jours. — Vme expérience : application souvent réitérée de la même matière sur des ulcères, suites de plaies d'armes à feu, et qui donnaient une bonne suppuration sans aucun effet appréciable. — VIme expérience : des ulcères de même genre que dans l'essai précédent ont été pansés à sec pendant douze à quinze jours de suite avec de la charpie provenant de compresses, ayant servi au pansement d'ulcères putrides et avec la charpie même qui avait déjà recouvert des plaies affectées de pourriture d'hôpital, le linge et la charpie ayant été lavés à l'eau froide seulement : effet nul. — VIIme expérience : De la matière putride a été inoculée à deux reprises sur le même sujet, par une piqûre faite aux tégumens du dos, sans aucun résultat. (1).

Percy et Laurent ont fait, en outre, de nombreuses expériences sur des chiens et qui

---

(1). Percy. *Dict. en 60 vol.* XLV ; 17.

n'ont jamais eu de résultat. Ils savent « combien il est difficile de conclure, d'après les expériences faites sur les animaux, de ce qui arriverait en pareille circonstance chez l'homme. Il nous semble, ajoutent ces auteurs, qu'on peut tirer de celles, que nous avons répétées sur les chiens que nous faisions séjourner dans les salles où régnait la pourriture d'hôpital, la conséquence que, si cette affection se propageait aussi facilement, par le contact médiat ou immédiat, que le prétendent quelques personnes, les plaies des animaux auraient été atteintes de pourriture d'hôpital, ou les piqûres, qui leur ont été faites, la leur auraient communiquée.

» Nous avons vu très souvent de jeunes chirurgiens, ayant des coupures ou des gercures à l'extrémité des doigts, panser sans précaution, et sans se servir de pinces, de larges plaies frappées de pourriture d'hôpital, sans en éprouver la moindre influence. — Nous les avons également vus bien des fois passer du pansement d'une plaie en état de pourriture d'hôpital à celui d'autres plaies simples, et négliger le soin de bien essuyer lenrs instruments ou leurs mains, sans pour cela causer le moindre changement dans l'état des plaies saines. — On a cru cependant, et on a répété, que ce moyen de communication était le plus ordinaire ; mais cette croyance n'était fondée que sur des soupçons ; et nous ne connaissons pas un seul cas bien constaté de sa réalité. (1).

» Richerand a plusieurs fois porté quelques gouttes de putrilage, provenant des plaies atteintes de pourriture d'hôpital, sur des plaies et des ulcères, sans leur communiquer ce genre d'altération. (2).

---

(1). Cependant, le propos légendaire est demeuré tenace. En 1880, Jules Rochard le répète encore, sans y ajouter de preuve nouvelle. « ....Nombre de chirurgiens, depuis Pouteau, l'ont contractée par de petites plaies qu'ils portaient à la main. D'autres au contraire l'ont donnée à leurs malades, en négligeant de nettoyer convenablement leurs instruments : et l'on a vu, dans des salles de blessés, où le service se faisait par séries, le même élève communiquer la maladie à des blessés couchés à distance les uns des autres, tandis que ceux qui occupaient des lits intermédiaires n'en étaient pas affectés. » (art. pourriture d'hôpital du *Nouv. dictionnaire de médecine et de chirurgie pratiques* de Jaccoud, Paris, 1880 ; XXIX, 485.) .....Ce sont encore des allégations sans preuves.

(2). Ce témoignage loyal de Richerand devrait faire tomber dans l'oubli la légende qui a trouvé un écho dans un excellent article de Jules Rochard, qui a conservé ses illusions sans motifs.

« Les éponges, qu'on promenait jadis de lit en lit, dit-il, constituaient un des moyens les plus actifs de propagation de la pourriture d'hôpital, parce qu'il est impossible, malgré tous les lavages, de les débarrasser complètement des principes virulents, dont elles sont imprégnées. On peut en dire autant de la charpie ; pendant les guerres du premier Empire, toutes les fois qu'on s'est vu forcé, dans des hôpitaux contaminés, de se servir de nouveau de charpie lavée, on a vu la maladie s'y répandre avec une désolante rapidité. » (*l. c.* ; XXIX ; 485).

» On a vu des individus avoir à une même partie deux plaies, dont une subissait la dégénération, dont il s'agit, tandis que l'autre demeurait constamment saine jusqu'à son entière cicatrisation ; et, si l'on nous objecte que ce fait ne prouve ni pour, ni contre notre opinion, nous demanderons comment la pourriture d'hôpital pourrait, dans quelques circonstances, dont nous avons été témoins, borner ses ravages à la moitié d'une plaie, et laisser l'autre moitié intacte marcher vers la cicatrisation ([1]), si elle était réellement contagieuse.

» Il est extrêmement rare de voir un blessé, en bon état de santé d'ailleurs, contracter la pourriture d'hôpital. Cet état est presque toujours précédé par une altération morbide des organes de la digestion ; et nous pouvons presque assurer que la pourriture d'hôpital est un effet de la fièvre, qui en est le symptôme, et que l'on désigne sous le nom d'adynamique, de fièvre nosocomiale, typhoïde, etc. C'est sur les blessés sur le point d'avoir cette fièvre,

(1). Le même contraste entre deux moitiés d'une même plaie a été antérieurement signalé par J. Delpech. (*Mémoire sur la complication des plaies et des ulcères, connue sous le nom de pourriture d'hôpital.* Paris, 1815 ; p. 6.)

que l'inoculation, ayant réussi, a pu faire croire à la contagion ; tandis qu'on l'a vainement tentée sur des hommes vigoureux qui n'avaient point été plongés dans un air infect.. » (1). Et Percy et Laurent concluent que l'étiologie de la pourriture d'hôpital est hérissée de difficultés (p. 19).

Leurs arguments n'ont pas été connus et appuyés dans une mesure suffisante, pour surmonter l'impression de peur, qui était devenue légendaire. — Guill. Dupuytren enseignait encore que la pourriture d'hôpital « parait d'une nature contagieuse ; en effet, de nombreuses observations, faites par Pouteau et autres praticiens, prouvent d'une manière convaincante que la pourriture d'hôpital peut-être communiquée à une plaie, à l'ulcère le plus simple, à la personne la mieux constituée et la plus saine, par les linges et la charpie, imprégnés du pus provenant de solutions de continuité atteintes de cette complication. C'est alors par une véritable inoculation que cette maladie se reproduit. On peut en avoir contracté le germe dans un

(1). Percy, *l. c.* ; t. XLV ; p. 18. — Ces troubles fébriles et gastro-intestinaux sont controversés.

hôpital : et elle se développe au-dehors. (1) C'est ainsi que l'on a vu des blessés qui, pour échapper à l'épidémie, étaient sortis d'un hôpital infect, et s'étaient retirés dans un endroit élevé où ils respiraient un air pur, et chez lesquels, cependant, la complication infectieuse s'est développée. » (2).

Les rédacteurs ajoutent, en note, les arguments de Thomson dans son *Traité de l'inflammation*. La nature contagieuse de la pourriture d'hôpital est prouvée, dit-il, 1° parce qu'on peut la communiquer par le contact des éponges, de la charpie, des bandages et des vêtements de ceux qui en sont infectés, aux personnes qui en sont

---

(1). Le fait brutal est connu pendant la guerre de 1914-1916, tout comme un siècle auparavant. — Il démontre la réalité d'une période d'état latent du processus morbide : c'est la période d'incubation. — On a eu besoin de bons arguments pour discerner où, quand et comment les blessés de la guerre ont contracté les germes de l'infection..., et on est parvenu à discerner la néfaste influence de la vie dans les tranchées.

(2). *Traité théorique et pratique des blessures par armes de guerre*, rédigé d'après les leçons cliniques du Baron Dupuytren, chirurgien en chef de l'Hôtel-Dieu, et publié sous sa direction par les docteurs A. Paillard et Marx. Paris. 1834 ; t. II ; p. 109.

Quand l'inoculation a été faite par une blessure, il n'y a rien qui puisse supprimer la phase d'incubation. — Si l'éclosion se fait dans un milieu hygiénique, on peut espérer une guérison par des soins appropriés ; mais rien ne prouve que ce soit dans l'hôpital infect, que le germe a été contracté.

éloignées ; 2° parce qu'on l'a vue envahir les plaies légères des chirurgiens ou de leurs aides, qui étaient employés à panser les personnes infectées, et cela même dans les circonstances où ces praticiens ne vivaient pas dans le même appartement que les individus atteints de la gangrène : 3° parce qu'on peut souvent suivre les traces de la transmission de la maladie d'un individu à un grand nombre de malades ; 4° parce qu'elle attaque les plaies récentes aussi bien que les anciens ulcères, et cela, peu de temps après que les plaies ont été placées dans la voisinage de personnes affectées de pourriture d'hôpital; 5° parce qu'on peut prévenir les progrès de la maladie dans des cas particuliers, en éloignant la personne infectée avant que la contagion que répandent ses plaies ait eu le temps d'opérer ; 6° parce qu'elle reste longtemps dans une salle d'un hôpital, on dans un vaisseau particulier, sans paraître dans les autres salles et les autres vaisseaux, si l'on prend soin d'empêcher les rapports entre les lieux infectés et ceux qui ne le sont pas.

Les contradictions de cette sorte étaient alors acceptables ; mais il n'en est plus ainsi avec les moyens actuels d'investigation.

Il faut, pour en bien juger, se défendre des entraînements et des exagérations, qui ont induit en erreur plusieurs générations de chirurgiens. Jules Rochard lui-même n'y a pas échappé.... Le détritus putrilagineux ne perd pas ses propriétés contagieuses en se desséchant, dit-il. Dans cet état, il se détache, en parcelles infiniment ténues, des objets de literie, des pièces de pansement ; il flotte, avec la poussière de l'atmosphère des salles ; il se dépose sur leurs parois, ainsi qu'à la surface des plaies exposées à l'air.» (1) Il est tombé dans une regrettable crédulité, en ajoutant foi à de simples racontars.

---

(1) « La propriété contagieuse une fois admise, il s'agit de rechercher quelle est la nature du principe, auquel elle doit cette propriété, écrit Jules Rochard (XXIX ; 486.)

» L'opinion, qui tend à s'accréditer en 1880, consiste à rattacher l'agent de la transmission à la classe de ces organismes microscopiques, dont la présence a déjà été démontrée dans un certain nombre de maladies contagieuses et qui sont appelés à prendre de jour en jour une plus grande part dans l'interprétation des faits étiologiques.

» Quelques auteurs, devançant la marche de la science, donnent même la chose comme absolument démontrée. — C'est ainsi que Burggraeve, dans son *Génie de la chirurgie contemporaine*, n'hésite pas à déclarer que la pourriture d'hôpital est due à des produits cyptogamiques du genre des *Pénicillaires*, dont les suçoirs creusent les tissus et les font tomber en déliquescence. — Billroth est moins affirmatif. Il est très probable, dit-il, que la pourriture d'hôpital épidémique est due à des espèces déterminées d'organismes infiniment petits, qui ne se développent que rarement. Ces

« On cite des chirurgiens, qui ont contracté la pourriture d'hôpital sans avoir touché les blessés et seulement pour s'être approchés de

---

êtres, organisés à la manière des ferments, provoqueraient une décomposition sur la plaie et dans les tissus bourgeonnants ; et je suis tenté de comparer cette maladie des plaies à la suppuration bleue, qui, il est vrai, ne fait éprouver aucun dommage à la plaie elle-même et qui, d'après les recherches de Lücke, est due, absolument comme le lait bleu, à de très petits êtres organisés et peut également être transmise par le contact à d'autres plaies. » Ces êtres microscopiques n'ont pas encore été l'objet d'études assez suivies, ajoute J. Rochard, pour qu'on soit bien fixé à leur égard. Cornil et Ranvier n'en parlent pas dans leur *Manuel d'histologie pathologique.* — Lebert se borne à dire que, dans la pourriture d'hôpital, on trouve un nombre considérable d'infusoires.

» C'est à Heine, que nous devons les recherches les plus étendues sur ce sujet. (*Handbuch der Allgemeine u speciellen chirurgie* de Pitha et Billroth. 1874. band x.) Il a reconnu, dans le détritus de la pourriture d'hôpital, des corpuscules à contours accentués, réfractant fortement la lumière, ronds ou légèrement ovales, d'une dimension sensiblement égale et ayant à peu près le dixième du volume d'un globule du sang. Ces corpuscules sont des monades, dit J. Rochard. Tantôt on les trouve disséminés, tantôt réunis en masses, ou disposés en chapelets ; et, sur des préparations fraîches, ils paraissent animés de mouvements vibratoires très rapides, qui disparaissent au bout d'un quart d'heure ou d'une demi-heure. Ce mouvement ne s'observe que sur les corpuscules disséminés. Ceux qui sont agglomérés demeurent immobiles et semblent soudés par une substance amorphe ; mais on voit par instants se détacher de cette masse des chapelets qui se mettent en mouvement.... Quand l'état de la plaie s'améliore, le détritus se transforme en une matière glaireuse contenant des monades immobiles... Mais, quand la maladie fait des progrès, on trouve de plus, dans l'ichor fétide, d'innombrables bactéries, isolées ou réunies et animées de mouvements très vifs. — Ces bactéries, dit Heine, sont celles de la putréfaction ordinaire. On n'en trouve pas d'autres dans la pourriture

leurs lits, en laissant à découvert de petites plaies, dont ils étaient porteurs. »..... Une pareille allégation, quand elle trouve à s'accréditer, entraîne à d'autres erreurs et à des interprétations fantaisistes.

« La facilité, avec laquelle l'élément contagieux se transporte à distance peut seule, au dire de Jules Rochard, peut seule expliquer certains faits, qui seraient incompréhensibles sans cela.

» Dans toutes les épidémies, on a vu la pourriture d'hôpital se déclarer, en dehors de ses foyers et sans communication directe, sur des blessés placés dans les meilleures conditions hygiéniques, dans des bâtiments récemment construits, dans des salles bien aérées et presque vides, sous des tentes, à la campagne, dans des embarcations ou sur des chariots

---

d'hôpital. — Quant aux monades, Heine ne s'explique, ni sur leur rôle, ni sur leur signification. On voit, conclut J. Rochard, que l'élément spécifique de cette maladie n'est pas encore découvert et que cet important sujet appelle de nouvelles recherches.» (*l. c.*; XXIX; 486, 487.)

Depuis 1880, les notions fondamentales sont acquises; et les avis prématurément formulés seront nécessairement révisés. — Au lieu des présomptions et des tâtonnements, il y a des faits, dont la certitude est inattaquable.

servant au transport des malades. » [1]. — On a revu tout cela pendant la guerre de 1914-1916; et MM. Th. Weis et Georges Gross n'ont pas manqué de le spécifier dans leurs notes à la *Société de chirurgie de Paris* [2]. Au point de vue de son installation, l'hôpital militaire Sédillot, à Nancy, (600 à 700 lits), est neuf, vaste, bien compris; il a des salles d'opérations spacieuses et claires. « Pour les plaies par les projectiles d'artillerie, notre pratique s'est modifiée, disent-ils, au fur et à mesure que notre expérience grandissait. Au début, nous nous contentions de bains locaux et de pansements humides ; et, quand apparaissaient les accidents phlegmoneux, presque inévitables, nous faisions le débridement secondaire. — Mais, devant la fréquence des complications infectieuses, nous sommes devenus interventionnistes d'emblée.... La pourriture d'hôpital fit également une apparition [3], très discrète

(1). J. Rochard ; *l. c.* XXIX ; 485-486.

(2). Th. Weiss et Georges Gross, de Nancy. Notes de chirurgie de guerre. *Bulletins et mémoires de la Société de chirurgie de Paris ;* séance du 27 janvier 1915 ; XLI ; 157. — Ces considérations ne figurent pas au compte-rendu de la séance du 3 février 1915 de la *Société de méd. de Nancy*, parce que tout le monde le sait à Nancy.

(3). *Bull. et mém. Soc. chir. Paris*, 1915 : p. 161.

heureusement ; un certain nombre de plaies par éclat d'obus se montrèrent couvertes de la membrane diphtéroïde caractéristique. Des attouchements à la teinture d'iode et l'emploi de l'huile goménolée en firent prompte justice.

» Pas un cas d'érysipèle, pas d'infection purulente ; mais, par contre, un assez grand nombre de cas de gangrène gazeuse et de phlegmons gazeux.

» Nulle part plus qu'en chirurgie de guerre la division en gangrènes qui septicémisent et en septicémies qui gangrènent n'est plus vraie ni plus difficile à faire. Nous avons vu des blessés, chez lesquels les membres se sont sphacélés par lésion vasculaire ; tandis que chez d'autres la gangrène était le fait d'une infection primitive massive. Or, seuls, l'opération et l'examen du membre amputé nous ont permis de découvrir la cause initiale de cette redoutable complication. » [1]

Oui, certes, on a vu et on voit encore des cas d'infection gangréneuse, qui se déclarent en dehors de ses foyers, dans des bâtiments récemment construits et dans les meilleures

(1). *Bull. et mém. Soc. chir. Paris* ; 1915 ; p 163.

conditions d'hygiène...... ; on l'a vu ; et on a conclu que ces cas étaient d'origine extérieure, et nullement autochtone ; qu'il n'y avait eu aucune contagion possible ; mais que l'inoculation, faite par la blessure sur le champ de bataille, avait été suivie d'une période d'incubation, précisément au moment de l'évacuation et du commencement de l'hospitalisation.

Tel est l'égarement d'un esprit sorti de sa voie droite, que Jules Rochard écrit, (sans s'apercevoir du démenti qu'il se donne), que « Wolff a réuni un grand nombre d'observations de ce genre. Elles prouvent que, si la réunion d'un grand nombre de blessés dans des locaux insalubres et mal tenus favorise le développement des épidémies et ajoute à leur gravité, ces conditions ne sont pas indispensables pour la faire éclore ; qu'elles ne sont pas suffisantes, lorsqu'un élément venu du dehors ne s'y ajoute pas. (1) La persistance du pouvoir contagieux dans les matières desséchées

(1) Jusque là, Jules Rochard est dans le vrai.

J. Chauvel a été plus loin, pour incriminer la contagiosité de la pourriture d'hôpital. — « S'il est vrai, comme l'ont dit Pitha, Demme, Heine, Neudorfer, que le milieu nosocomial n'est pas indispensable au développement de la pourriture dite d'hôpital, il est incontestable, cependant, que, durant des siècles, l'affection n'a guère été observée que dans ces

peut seule (1) rendre compte de la pourriture d'hôpital dans des lieux qu'elle avait abandonnés depuis longtemps. (2) Nous avons tous vu, après les épidémies, des cas isolés se produire dans des salles qui avaient été évacuées et nettoyées avec le plus grand soin et dont

conditions. L'encombrement des salles, l'absence des mesures d'hygiène indispensables, la malpropreté ont une influence bien démontrée par les épidémies militaires. C'est dans les casernes anciennes, sales, les bâtiments mal aérés, les chambres basses, étroites, qu'éclate d'abord la pourriture. Dans les baraques bien aérées, sous la tente, elle n'apparaît que tardivement (qu'importe la date? elle apparaît....), par contagion, et jamais avec la même violence. L'histoire de la guerre de 1870-1871, après celle de la Crimée en 1854-1855, est là pour le prouver. En Allemagne comme en France, à Metz comme à Versailles, la dissémination des blessés, le désencombrement, a suffi pour arrêter les progrès de la pourriture d'hôpital. » (art. pourriture d'hôpital du *Dict. encyclopédique des sc. méd. de Dechambre*, Paris, 1886 ; 351-352.) — Non, de pareilles allégations ne suffisent pas.

Il n'est pas prouvé que la gangrène gazeuse ait été propagée par contagion.

Il n'est pas prouvé que la dissémination des blessés a suffi pour arrêter les progrès d'une épidémie du fléau. — Une coïncidence a pu induire en erreur.

Il est prouvé qu'un traitement est nécessaire et, qu'à force de soins, la guérison est possible.

(1). Pourquoi seule ?..... Depuis 1880 on a trouvé d'autres raisons : et elles ne sont plus douteuses.

(2). Lorsqu'il s'agit, comme à Nancy, d'un établissement hospitalier tout neuf, il ne peut plus être question d'un *retour* du fléau..... Wolff et d'autres ont vu de nombreux faits de ce même genre. A Calais, la gangrène gazeuse a fait son apparition dans plusieurs hôpitaux temporaires absolument neufs.

On ne peut donc pas incriminer la contagion par les locaux d'hospitalisation. Ce n'est pas à l'hôpital, c'est ailleurs qu'est faite l'inoculation des germes infectieux.

on avait renouvelé tout le mobilier. Il faut bien [1] admettre, dans ce cas, qu'il y était resté quelques germes ayant échappé au nettoyage et à la désinfection. »

Jules Rochard a compris que sa théorique conception de la contagiosité médiate de l'infection gangréneuse entraînait des conséquences invraisemblables ; — et il s'en défend. « Il ne faudrait pas croire, dit-il, qu'il arrive un moment où l'atmosphère d'une région tout entière est tellement saturée de principes contagieux qu'aucune plaie ne peut y échapper. Les épidémies les plus graves naissent habituellement par de petits foyers, d'où les germes se répandent dans toutes les directions et vont créer de nouveaux centres, quand ils rencontrent un milieu favorable.

» Il est probable que ces germes ne sont jamais complètement détruits, qu'ils subsistent toujours quelque part à l'état latent et qu'ils font éclore une épidémie lorsque les circonstances s'y prêtent. » [2].

(1). Non, cette interprétation n'est pas de nécessité.
On sait actuellement où se trouvent les germes pathogènes qui persistent à l'état de vie latente après avoir échappé au nettoyage et à la désinfection : c'est dans l'épiderme du soldat qui a vécu dans les tranchées. Ses vêtements et sa peau sont imbibés à fond par des microbes telluriques en multitude.

(2). J. Rochard. *l. c.* ; 1880 ; xxix, 486.

Comme beaucoup d'autres, M. Philippe Godard se demande « quelle est la cause essentielle de la gangrène gazeuse. Existe-t-il, pour elle comme pour le tétanos, par exemple, un microbe spécial, unique, facilement isolable, ce qui permettrait, (comme pour le tétanos), d'entrevoir pour une époque plus ou moins lointaine la découverte d'un vaccin d'un sérum immunisant ?

» Oui disent la plupart des auteurs allemands (1), la gangrène gazeuse est due au Bacille découvert par Fraenkel le 12 nov. 1912, *Bacillus phlegmonès emphysematosæ*, appelé *Gazbacillus*.

» Mais, à côté de la gangrène gazeuse existe l'œdème malin gazeux, dû à d'autres microbes anérobies, différant du *Gazbacillus*. — Oui, dit à peu près dans les mêmes termes M. Sacquépée, qui, comme Fraenkel, distingue deux modalités bactériologiques et cliniques 1° septicémie gazeuse des anciens auteurs ; microbe causal, le Vibrion septique ; lésions caractéristiques, œdème et infiltration gazeuse très étendus ; 2° œdème gazeux malin ;

(1) Philippe Godard. *Essai sur le traitement des infections gangréneuses et gazeuses des plaies de guerre*. Thèse de Paris. 22 déc. 1915 ; pp. 15 à 17.

microbe causal, un microbe anaérobie spécifique ; lésions caractéristiques, foyer gangréneux initial intra-musculaire, œdème dur bronzé au-dessus de la plaie, pâle ou incolore, peu de gaz. M. Sacquépée, malgré l'absolutisme de cette classification, reconnaît pourtant lui-même une troisième forme, intermédiaire, qui cliniquement ressemble à la première, et où on trouve le Bacille spécifique ou le Bacille sporogène, ou le Vibrion septique, ou des associations de ces divers microbes infectieux, ou avec d'autres microbes anaérobies — M. Weinberg est presque aussi affirmatif pour l'unité étiologique de la gangrène gazeuse ; mais il donne la première place au *Bacillus perfringens* ; puis il fait place à ses associations avec le Vibrion septique ; enfin il décrit, comme agents occasionnels de la gangrène gazeuse, des microbes anéorobies imprécis *a*, *b*, *c*......

» Non, répondent un certain nombre d'auteurs allemands et la majeure partie de ceux qui expriment l'opinion admise en France. Ghon, Sachs, von Hibler, en Allemagne, ont trouvé un certain nombre de microbes anaérobies autres que le Gazbacillus.— S'il faut reconnaître, après les recherches de Weinberg,

Reverchon et Vaucher, Mouchain, Santory et Spilmann, Orticoni, que le rôle primordial semble appartenir au *Bacillus perfringens*, il faut savoir également que de nombreux microbes anaérobies, pour ne pas dire tous, peuvent donner lieu au syndrôme gangrène gazeuse, notamment le Vibrion septique (Sacquépée, Weinberg), et le Bacille neigeux (Costa et Troisier).

» Au bout d'un an de recherches, il semble que l'on puisse résumer l'opinion acquise par une phrase dite par M. Quénu à l'*Académie de médecine de Paris* (19 janv. 1915): —la septicémie gangréneuse n'est pas engendrée par une espèce microbienne donnée, mais par des espèces différentes, et le plus souvent par une association microbienne.»[1]

Ces considérations d'ordre général sont devenues applicables à l'infection gangréneuse depuis qu'on sait l'origine tellurique des microbes anaérobies. Ceux-ci, qui sont vraiment pathogènes, ne trouvent de circonstances

---

(1) Philippe Godard. *Essai sur le traitement des infections gangréneuses et gazeuses des plaies de guerre*· Thèse Paris 1915 pp 15 à 17.

propices à leur évolution que dans une association avec le staphylocoque, le streptocoque, le colibacille, le pneumocoque. Seuls ces derniers sont toujours transmissibles par simple contact, sans préjudice de leur degré de virulence.

A ceux qui s'étonnent de la reviviscence de l'illusion de la contagion gangréneuse, on peut rappeler que la première description un peu détaillée remonte à 1783. Elle se trouve dans les *Œuvres posthumes de Claude Pouteau*. Il l'avait étudiée avec une sorte de prédilection, parce qu'il l'avait contractée lui-même à l'âge de dix-neuf ans, en soignant, comme élève, des blessés de l'Hôtel-Dieu de Lyon, dont il devait un jour devenir le chirurgien en chef. Son successeur dans ce même hôpital, Dussaussoy, fit paraître, en 1787, sur la gangrène des hôpitaux, une dissertation si remarquable, que Boyer l'a reproduite presque textuellement dans son *Traité des maladies chirurgicales*. Ce mémoire de Dussaussoy est intitulé : « *Dissertation et observations sur la gangrène des hôpitaux*. Genève, 1787. » C'est là qu'on voit la nécessité d'une déchirure, fût-elle la plus petite, pour ouvrir la porte de l'inoculation et faire pénétrer dans l'organisme le germe de l'infection gangréneuse.

« Dussaussoy avait déjà constaté ce fait, écrit Jules Rochard [1], en cherchant à inoculer la pourriture d'hôpital à un malade, pour le guérir d'un cancer ulcéré. Il l'avait pansé pendant plusieurs jours avec de la charpie imbibée de sanie putrilagineuse ; et il n'avait obtenu aucun résultat. Il eût alors l'idée de lacérer et de faire saigner les bourgeons charnus ; il fit ensuite une nouvelle application du liquide infectieux... ; et, trois jours après, l'ulcère était atteint de pourriture. » [2]. Rien n'est plus démonstratif pour prouver que le contact ne suffit pas pour donner l'infection gangréneuse, alors même que ce contact est direct, qu'il est pıolongé, qu'il est encore renouvelé.

Donc il n'y a pas de contagiosité.

« Les microbes anéorobies, on le sait depuis longtemps [3], imprègnent la terre

---

(1) Jules Rochard ; article : pourriture d'hôpital du *Nouv. dict. de méd, et chir. pratiques de Jaccoud. Paris, 1880,* XXIX, 483.

(2) La même aventure a été tentée dans le but de guérir les tumeurs érectiles sans opération sanglante. « On cite Dussaussoy, Rigal, Clerc de Strasbourg comme ayant employé cette étrange méthode, que tout le monde est d'accord pour repousser aujourd'hui. » (J. Rochard. *l. c.* ; 505.)

(3) En particulier depuis les études sur l'habitat du *Bacille de Nicolaïer*. (Godard ; 17).

arable, le fumier. Ceux du groupe du *Bacillus perfringens*, en particulier, sont d'origine intestinale (Weinberg). Comment ces microbes entrent-ils dans l'organisme ? se demande M. Philippe Godard (1) Par deux procédés : par le projectile lui-même après son contact avec la terre ; par les fragments vestimentaires entraînés par le projectile.

» Au début de la guerre 1914-1916, les gangrènes étaient rares, parce que les vêtements étaient neufs et propres ; parce que les blessures étaient surtout des blessures par balles de plein fouet, ou shrapnells d'obus fusant. Les projectiles blessaient sans avoir pris contact avec la terre.

» Dans la guerre de tranchées, les balles blessent par ricochet ou après avoir traversé les parapets. Les obus fusants ont été remplacés presque entièrement par des percutants. Tous les projectiles sont souillés de la terre de tranchées, mélange de boue, d'urine et d'excréments, et, dans secteurs particulièrement discutés (2), terre truffée de

(1) Philippe Godard. *Essai sur le traitement des infections gangréneuses et gazeuses des plaies de guerre.* Paris ; thèse soutenue le 22 décembre 1915 ; pp. 17 à 19.

(2). Le mot est « *crû* », mais *réaliste.*

cadavres ! Les projectiles traversent la capote, les vêtements imprégnés de cette boue, la chemise trempée de sueur ; ils vont enfouir au sein de tissus contus, toute la flore microbienne qui cultive dans les débris entraînés.

» Les corps étrangers, parce qu'ils entraînent avec eux de l'humus, soit devant eux une rondelle vestimentaire infectée, découpée comme à l'emporte-pièces, sont des *vecteurs de microbes.*

» Si la plaie est un séton, les corps étrangers s'essuient sur les tissus.

» Si elle est borgne, l'ensemencement, de passager devient permanent.

» Les plaies par gros projectiles, obus, grenades, torpilles, sont les principaux facteurs de gangrène gazeuse, par la raison précédente, et, en outre, parce que ce sont eux qui donnent les vastes plaies contuses, mal drainées, avec volumineux épanchement. (Elles sont comme un) bouillon de culture tout préparé pour l'ensemencement de microbes anaérobies.

» Nous n'avons pas observé, et nous ne connaissons pas un seul cas de gangrène gazeuse par arme blanche.

» Mais les sétons par balle, les plus simples, et en apparence les plus anodins, peuvent donner lieu à l'évolution rapide de la gangrène gazeuse. Nous en connaissons plusieurs exemples, dont le plus net est peut-être le suivant : Séton sous-cutané par balle de Mauser : le soldat arrive à l'hôpital douze heures après sa blessure ; une gangrène gazeuse diffuse détermine la mort en vingt-quatre heures....»

Cependant, « cette maladie peut envahir les muqueuses, soulever les cicatrices récentes et même, suivant quelques auteurs, attaquer la peau revêtue de son épiderme Delpech, Pitha, Fischer sont de cet avis.... Heine ne le partage pas ; et nous faisons comme lui, ajoute Jules Rochard. Il est probable que, dans les cas où on a vu la pourriture d'hôpital se déclarer sur la peau saine, c'est qu'il existait en ce point une légère érosion, une petite plaie méconnue, qui a livré passage à la contagion.» (p. 483). L'avis de Jules Rochard est parfaitement sage ; mais son mot est malheureux. Quand la peau est revêtue de son épiderme, tout l'organisme est protégé contre l'infection qui le confine. Il faut une effraction de la couche épidermique pour que tout le système de l'organisme puisse subir l'infection ; il faut que la porte soit ouverte, serait-ce par une légère érosion, par une simple petite plaie imperceptible, (visible à la loupe) ; il faut que la matière virulente puisse pénétrer dans les couches sous-épidermiques. — Certainement, le simple contact ne suffit pas pour transmettre l'infection gangréneuse.

Donc il n'y a pas de contagion possible.

Le mot « *contagion* » est mauvais dans le texte de Jules Rochard, parce qu'il n'exprime pas la véritable pensée de ce judicieux auteur. Malheureusement, il est dans son texte ; et il fait dévier toutes les considérations ultérieures.... Jules Rochard méconnaît la distinction fondamentale entre les maladies infectieuses transmises par inoculation et celles qui sont communiquées par contagion... Son mot de *contagion* est traité comme s'il était synonyme de *transmission* quelconque, pénétration par inoculation sous-épidermique et même dans les couches profondes des tissus.

Cependant il a raison de l'écrire, « l'état général des blessés exerce aussi son influence.

La maladie attaque de préférence ceux qui sont affaiblis par les privations, les souffrances, les marches forcées, en proie au découragement ou épuisés par le scorbut, la dyssenterie [1]. — Les influences, que nous venons de passer en revue, suffisent-elles, se demande Jules Rochard, pour faire naître la pourriture d'hôpital de toutes pièces, ou ne sont-elles que des causes prédisposantes, réclamant pour produire leurs effets l'intervention [2] d'un élément nouveau ? telle est la question, qu'on ne peut se dispenser d'aborder en 1880. — La plupart des auteurs, qui ont écrit sur ce sujet, se prononcent pour la première hypothèse. — nous ne saurions faire comme eux, écrit Jules Rochard.

---

(1). Jules Rochard ; *l. c.* · XXIX, 483, 484.

(2). Le mauvais choix de l'expression conduit, cette fois encore, à une erreur sur le point litigieux.... Ce qui prédispose à l'infection n'est pas une *cause* à proprement parler ; c'est une *condition*.

Le microbe pathogène a une valeure officiente, qui dépasse la banalité d'un élément nouveau parmi d'autres. C'est la *cause sine quâ non*.

Tous les autres éléments énumérés par Jules Rochard ne sont que des *conditions plus ou moins propices*, qui rendent efficiente la cause unique et véritable... La confusion dans les termes est devenue le point de départ de la méconnaissance du problème en litige. L'erreur qui en est la conséquence peut donc être rectifiée sans récrimination.

» Nous ne croyons pas à la génération spontanée des maladies contagieuses (1) ; et la pourriture d'hôpital est contagieuse au premier chef (2), bien que quelques observateurs le contestent encore.

» Nous citerons, parmi ceux qui écrivaient au commencement du XIXe siècle, Hautson, Richerand et Percy, et, dans le nombre de ceux de la fin du même siècle, Hirch, Pitha, Bourot et Marmy. C'est Percy qui a fait le plus d'efforts et réuni le plus d'arguments pour prouver que la pourriture d'hôpital ne se transmet pas par le contact......

---

(1). Si, au lieu de « *contagieuses* », il y avait « *transmissibles* », ce serait juste..... ; car on n'admet plus la génération spontanée de ce qui est *virulent*.

Cependant, le simple contact ne suffit pas pour transmettre la syphilis, la tuberculose, le cancer. Pour le vaccin lui-même, le contact est insuffisant. — Une effraction de l'épiderme est de nécessité ; il faut une inoculation.

(2). Jules Rochard méconnaît ainsi la démonstration, qu'il a lui-même donnée à la page précédente... Elle est irréfutable.

Cependant un mot malheureux peut demeurer tenace..... et, en 1915, bien des chirurgiens ont dû, intervenir pour ramener l'exacte notion de la vérité.

M. L. Ombrédanne l'a écrit : — L'infection gangréneuse ne nous semble *en aucun cas* pouvoir être attribuée à une contagion hospitalière. Certes nous avons vu éclater à quelques jours de distance, dans la même salle ou dans des chambres voisines desservies par le même personnel infirmier, des infections gangréneuses. Mais *toujours* les blessés qu'on aurait pu croire contagionnés, présentaient des blessures, dont l'origine, les caractères anatomiques expliquaient parfaitement l'apparition des accidents de gangrène infectieuse. » (*Paris. méd.* 13 fév. 1915 ; 360 ; 2).

» Les arguments de Percy ne sont pas probants, au dire de Jules Rochard ; et des expériences plus récentes ont infirmé, dit-il, celles de Wuillaume, chirurgien en chef de l'Armée française à Madrid. La propriété contagieuse de la pourriture d'hôpital est démontrée par l'expérience de chaque jour. » — Non ; rien n'est moins démontré ; et la succession de plusieurs cas dans le même milieu, en temps d'épidémie, est correctement tenue pour une coïncidence (1), et non pour une relation de cause à effet. — « Il suffit, allègue J. Rochard, d'un seul individu contaminé pour la répandre dans toute une salle ; et alors on la voit marcher de lit en lit, passer d'un service dans l'autre, portée par les malades, les étudiants, les infirmiers (2). Elle peut même

(1). C'est ainsi qu'en a jugé M. le médecin-major Emile Dutertre, qui a observé les blessés allemands victimes de l'infection gangréneuse à Douai. (V. p. 50.)

Quinze ou vingt médecins militaires ont observé de pareilles successions de faits dans plusieurs des hôpitaux militaires de Calais ; et c'est avec une solicitude attentive, que chacun a recherché quelle part on pouvait accorder à une contagion directe ou indirecte Et c'est sur la base de leur expérience personnelle et quotidienne, qu'ils ont conclu que la gangrène gazeuse n'est point contagieuse. Cette considération ne les a pas empêchés de se conformer aux précautions d'usage, lorsqu'il y a doute sur la question de contagiosité.

(2). Ce sont des allégations sans preuves. Et les évènements de la guerre de 1914-1916 n'en ont pas encore donné de confirmation.... ; au contraire !

être transportée hors de son foyer par les chirurgiens d'un hôpital infecté, s'ils ne prennent pas les précautions convenables.

» Tout le monde connaît l'histoire de Delpech, qui la communiqua à un malade qu'il avait opéré en ville d'un sarcocèle, et qu'il venait panser tous les matins, avec l'habit qu'il portait à l'hôpital (1).

» La contre-épreuve est également fournie par l'observation clinique. Dans un hôpital infecté, on peut préserver de la maladie les blessés qui n'en sont pas encore atteints, en les plaçant dans une salle bien isolée, et en ayant soin que le personnel qui les approche n'ait aucun rapport avec les malades contaminés (2). — On peut même, sans isoler les blessés, mettre leurs plaies à l'abri, dans une certaine mesure, à l'aide des pansements par

---

(1). Ce fait unique suffit pour imposer de prudentes précautions. Il ne pourrait être suffisant pour fixer un point de doctrine, s'il était controversé. A plus forte raison ne pourra-t-il détruire une doctrine antérieurement établie sur des faits nombreux, concordants et de sources très variées.

(2). Que de fois ces conditions de répartition ont été irréalisables au cours des évènements de la guerre de 1914-1916 !.... La promiscuité a été bien des fois constatée, non seulement dans les abris de fortune, mais aussi dans d'autres formations sanitaires, parfaitement organisées, et surveillées sans cesse. Certes on a mis de l'empressement à faire des

occlusion. Paul Broca en a fait le premier l'observation en 1854, alors qu'il remplaçait Laugier dans son service à l'Hôtel-Dieu de Paris. Il y survint une petite épidémie de pourriture d'hôpital ; et les malades pansés à l'aide de la baudruche et de la gomme, que Laugier expérimentait alors, en furent tous préservés. L. Ollier a fait la même observation à l'Hôtel-Dieu de Lyon ([1]).

» La pourriture d'hôpital se transmet par l'inoculation avec la lancette, par le contact de la matière putride avec les plaies ([2]), par

---

évacuations et des mutations. Mais, pendant la période d'incubation, alors terminée, qui pourrait dire quelles ont été les promiscuités, qu'on n'a pas évitées ?

C'est surtout dans les trains d'évacuation, alors que, pendant de longues heures de nuit, des blessés, déjà fatigués, séjournent ensemble dans l'étroit espace des wagons..... C'est là que se rencontreraient les conditions d'une propagation permanente du fléau, s'il était contagieux ! — Or il est certain que le train laisse en cours de route les blessés, chez qui se déclare une gangrène gazeuse antérieurement latente ; puis on arrive à destination, sans que les blessés voisins soient contaminés.

La voilà..... la contre-épreuve !

(1). Désormais, les mêmes faits sont interprétés d'une autre façon. Les blessés, protégés par la baudruche ont été préservés des contages par les diverses microbes des suppurations communes dans les hôpitaux ; et il n'y a pas eu d'association microbienne, pour donner la virulence aux microbes de la gangrène gazeuse, qui avaient pu être pathogènes,... mais importés d'une provenance extérieure.

(2). Dussaussoy l'a réfuté par sa fameuse inoculation expérimentale de 1786 ou 1787....

les pièces de pansement (1), par les instruments de chirurgie, par les vêtements et par l'air lui-même.

» L'inoculation a été tentée sans succès sur des chiens et des lapins (2), par Thomas, par Percy, par Fischer et par Pitha. Dans certains cas, où l'ichor putride avait été injecté dans le tissu cellulaire, ils ont vu survenir des phlegmons gangréneux ; mais il ne s'est pas produit de véritable pourriture d'hôpital. Cela ne prouve qu'une chose, objecte Jules Rochard : c'est que les animaux ne sont pas susceptibles de la contracter.

» Quant aux essais négatifs faits sur l'homme, ils sont annulés par le succès de l'expérience, qu'Ollivier a faite sur lui-même et qu'il relate dans son *Traité du typhus traumatique.* (3). — C'était en 1810 ; la pourriture

---

(1). Les expériences de Willaume à Madrid en ont donné un démenti, que Percy a rapporté.

(2). C'est le cobaye, qui est l'animal de choix pour les expériences de cette sorte.

(3). A. F. Ollivier. *Traité expérimental du typhus traumatique, gangrène ou pourriture des hôpitaux.* Paris, 1822.

La probité du témoignage de l'auteur est irrécusable ; mais ses appréciations ne sont pas à l'abri de la critique Il a eu le tort de mêler la dysentérie et les diverses formes du typhus à ses études sur l'infection gangréneuse, sans tenir

d'hôpital régnait en Espagne dans la plupart des hôpitaux de l'Armée française ; mais il n'y en avait plus de traces dans la ville qu'il habitait. Il se transporta dans une localité voisine et se fit inoculer la pourriture d'hôpital par un de ses collègues. La matière putride fut prise sur un jeune soldat, qui succomba deux mois après. On l'introduisit avec une lancette dans l'épaisseur de la peau de la région deltoïdienne du côté droit ; et on fit trois piqûres.

» Aussitôt après, Ollivier monta à cheval et fit un voyage de deux jours (1), en pleine campagne, pour retourner à son domicile. La pourriture d'hôpital ne s'en déclara pas moins avec tous ses caractères ; et il fallut recourir au fer rouge pour en arrêter les progrès. » — L'expérience d'Ollivier est en effet très

---

compte de l'inoculation primitive, qui est à la base de celle-ci, non de celles-là.

Certes le traumatisme est la cause externe incontestée ; mais il ne fallait plus lui donner le nom de *typhus*. De cette erreur découlent beaucoup d'autres, parmi lesquelles la déplorable confusion entre l inoculation et la contagion.

(1) A l'inoculation, il a ainsi superposé un surmenage, avec les veilles et les privations, qu'il comporte, dans un pays alors traité sur le pied de guerre. Il s'est donc mis dans les conditions les moins douteuses, en vue d'exalter la virulence des matières inoculées.

concluante pour démontrer l'inoculabilité de l'infection gangréneuse. (1)

Elle ne fait qu'augmenter la valeur des résultats négatifs de tous les essais multipliés pour rechercher la contagiosité.

(1) Il existe un cas mortel d'inoculation de la gangrène gazeuse : Dupuy l'a livré à la publicité dans sa thèse de Strasbourg, (1815 ; vol. xx) ; c'est pour détourner ses lecteurs de l'emploi d'un moyen aussi périlleux, qu'Ollivier en donna une relation (p. 215,-216) : — « Pierre Bertrand, soldat au 54e Régiment de ligne, entré à l'hôpital de Xérès pour un coup de feu reçu dans la région fessière gauche, où le corps vulnérant était resté, portait dans cette partie, depuis plusieurs mois, un long trajet fistuleux. Une abondante suppuration réduisit bientôt le blessé à un état de marasme qui paraissait devoir être suivi de mort prochaine, si on ne parvenait à donner issue au corps étranger. La difficulté d'une semblable opération, à moins d'une énorme incision, qui, elle-même, pouvait-être inutile, le lieu qu'occupait le corps étranger n'étant pas reconnu, suggéra l'idée peu heureuse à un chirurgien chargé du service de cet hôpital, d'inoculer la pourriture d'hôpital, pour détruire les parties et mettre ainsi à découvert le corps étranger. En effet, il appliqua un plumasseau de charpie trempé dans la matière d'une plaie, qui était atteinte de la même maladie ; et deux jours après cette affection était manifeste. Par son action, la destruction des parties eut lieu ; et le corps étranger fut trouvé au milieu de la fosse iliaque externe, engagé dans la substance de l'os, qui lui donne son nom ... La mort de ce blessé suivit de près, néanmoins, les désordres produits par la pourriture d'hôpital, qui, dans l'espace de dix jours, détruisit une partie de la forte masse charnue, qui existe dans cette région. » — Ce récit démontre, ajoute Ollivier, qu'il ne faut pas qu'un zèle mal dirigé nous engage à dépasser les bornes de la prudence, qui caractérise essentiellement le véritable praticien. (p. 215.)

Ce fait prouve, en outre, que sur un blessé déprimé la transmission de la gangrène gazeuse est possible dans sa forme la plus néfaste.

Pour obtenir une expérience positive de transmission de la gangrène gazeuse à l'espèce humaine, il a fallu renoncer à la simple contagion ; Ollivier a dû recourir à l'inoculation ; et il a éprouvé le besoin d'y ajouter un important et prolongé surmenage, comme si une inoculation banale pouvait n'être pas suffisante. — C'est un aveu compétent pour reconnaître que l'infection gangréneuse est inoculable ; — elle n'est pas contagieuse.

Cette constatation a été largement vérifiée dans les formations sanitaires pendant la guerre de 1914-1916. Et M. L. Ombrédanne a écrit un témoignage ferme ; « l'infection gangréneuse ne nous semble, en aucun cas, pouvoir être attribué à une contagion hospitalière. » (1). Nombreux sont les chirurgiens qui sont arrivés à la même conclusion devant la certitude des faits, dont ils ont été directement témoins.

---

(1) L. Ombrédanne. *Paris médical*, 13 février 1915 ; page 360 ; col. 2.

Jules Rochard a écrit, lui aussi : « la gangrène se limite d'elle-même *et ne se transmet jamais par contagion*..... » (*dict.* Jaccoud : XXIX, 494.).... mais sa phrase vise la gangrène dans les cas ordinaires Il reconnait, à plusieurs reprises, que « la pourriture d'hôpital produit parfois la gangrène » et il conserve pour son dernier mot, celui qui reste : *la gangrène ne se transmet jamais par contagion*.

La gangrène gazeuse est une complication épidémique des plaies de guerre. Elle n'est pas contagieuse, A. F. Ollivier en a fait l'aveu involontairement (1) après avoir rapporté le désastreux hiver de 1809-1810 à l'hôpital de la Passion de Madrid. En peu de mois il y a vu périr plus de cent blessés. Leur accumulation exhalait l'odeur la plus infecte ; et ils succombaient, dit-il, à l'un des genres de mort les plus affreux que j'ai vus. — *Chose étonnante au premier abord* (2), malgré le grand nombre de ces maladies, il ne se manifesta dans l'hôpital *aucune fièvre de mauvais caractère* (2). Les chirurgiens et les infirmiers souffrirent peu de la respiration prolongée d'un air aussi vicié que celui qui circulait avec peine dans un hôpital encombré de gangrènes, et où l'oubli de toutes les précautions hygiéniques venait se joindre à la plus mauvaise disposition possible des salles, qui toutes, basses et mal ventilées, communiquaient ensemble » (3).

---

(1) A. F. Ollivier. *l. c.* ; pp. 34-35.

(2). C'est Ollivier qui souligne.

(3). « Je remarquai seulement que deux individus, attachés au service de cet hôpital, éprouvèrent des parotidites simples, idiopathiques, qui se terminèrent heureusement. » (Ollivier ; p. 35.)

Non, ce n'est pas étonnant. Le *traité expérimental*... d'A. F. Ollivier rend un témoignage, qui concorde avec les autres, pour démontrer que l'infection gangréneuse n'est pas contagieuse, pas même dans les épidémies les plus infortunées. (1)

---

(1). Tel a été l'engouement d'A. F. Ollivier pour son illusion de la contagiosité, qu'il n'a pas su comprendre le démenti, que les faits lui infligeaient directement.

« J'ai vu, dit-il, la pourriture d'hôpital se déclarer à Hinojosa, en Estramadure, dans le mois d'août 1812; et je n'ai su à quelle cause l'attribuer.

« Des religieuses venaient de quitter un couvent magnifique et vaste, parce qu'on en avait besoin pour former un hôpital temporaire de première ligne. Ce couvent, de forme carrée comme presque tous ceux qui existent en Espagne, renfermait un jardin assez grand, circonscrit par les quatre corps de bâtiments ; il était orné de plusieurs bassins et de jets d'eau qui rafraichissaient l'atmosphère alors sèche et très chaude. Il ne régnait aucune maladie épidémique parmi les Espagnols. Le cinquième Corps d'armée, qui se trouvait à quelques lieues en avant, avait eu, à la vérité, un assez grand nombre de malades, parce que les soldats étaient exposés aux grandes chaleurs, en rase campagne, manquaient de vin et s'abreuvaient d'assez mauvaises eaux. Avant d'introduire dans ce couvent les malades, qui, après y avoir séjourné quelques jours, étaient dirigés sur Cordoue, on multiplia les ouvertures des dortoirs des religieuses. Cet hôpital fût supprimé par la retraite des Français ; et Ollivier relate cette courte durée, parce que les hôpitaux nouvellement établis sont ordinairement plus salubres. Pendant les cinq ou six semaines qu'exista cet hôpital, dit-il, la salle des blessés n'en contint jamais plus de vingt ; elle n'avait qu'un seul rang de lits ; elle donnait sur le jardin dont j'ai parlé; elle était éloignée de celle des fiévreux, qui en contenait environ trois cents ; tous ces blessés venaient directement de leur corps, sans avoir séjourné dans d'autres hôpitaux ; *ils n'avaient, par conséquent, con-*

Lui-même a fait des confusions inacceptables ; et c'est de là que viennent ses erreurs en matière de contagion. — « L'épidémie que j'observai, dit-il (1), à l'hôpital militaire de Metz en 1813, présenta, vers la fin de l'année, la double complication de dysentérie et de typhus. Cette triple épidémie fut très meurtrière.

» L'armée d'Allemagne avait été exposée aux plus grandes privations pendant toute la campagne de 1813, et surtout lors de la retraite qui suivit la perte de la bataille de Leipsick ; les marches avaient été pénibles ; le découragement était extrême. Il parut des fièvres contagieuses (2), qui se communiquèrent aux

---

tracté aucune contagion ; ils furent bien couchés dans des fournitures neuves ; biens nourris ; pansés avec soin ; le linge et la charpie étaient de la meilleure qualité. Malgré une réunion de circonstances aussi favorables, il se manifesta quelques (cas de) pourriture d'hôpital, légère à la vérité Leurs progrès furent arrêtés très facilement......

» Les faits précédents prouvent que *souvent il est impossible de reconnaître la cause évidente et bien certaine de la première apparition de cette maladie....* » C'est A F. Ollivier, qui souligne cette conclusion.

Ce n'est donc pas à l'hôpital, que la complication a été inoculée. C'est sur le champ de bataille ; et c'est au moyen des vêtements de guerre, qui n'étaient certes, ni neufs, ni exempts de souillures telluriques.

(1). *ibidem ;* p. 36.

(2). Le mot est vite dit et toujours avec l'imprécision qui met épidémie et contagion sur le pied de la synonymie.

habitants des villes, où les malades séjournaient. La France devait bientôt devenir le théâtre de la mortalité, qui s'était manifestée en Allemagne. Les malades encombrés à Mayence y répandirent promptement l'épidémie. L'armée, encore nombreuse, s'affaiblit en quelques mois, de plus de moitié. Les malades, snccessivement évacués sur Metz, infectèrent toutes les villes où ils passèrent.

» Ils parvinrent dans cette ville en si grand nombre, que, malgré la multiplication des hôpitaux et les évacuations journalières, on fut obligé de les recevoir dans les églises. La contagion sortit des limites de ces lieux de douleur, et se propagea dans la ville ; mais elle y fut bien moins meurtrière que dans les bourgs, où les malades avaient séjourné en masse.

» Cependant, la saison ne paraissait favorable à aucune espèce de contagion [1]. La température fut généralement très froide dans les mois de novembre et de décembre 1813 ; elle le fut excessivement dans celui de janvier 1814 [2]. Une grande partie des soldats étaient

(1). Il est évident que c'est *épidémie*, qu'Ollivier a voulu dire, et non pas *contagion*.

(2). « On pourra juger de l'intensité du froid par le fait

affectés de diarrhées chroniques et de dyssenteries, qui dépendaient certainement de l'altération des organes digestifs par les aliments les plus grossiers, ou par leur privation totale. — Les fièvres dites putrides d'hôpital étaient fréquentes ; elles étaient accompagnées d'une prostration extrême, lorsqu'elles affectaient des individus déjà épuisés par une diarrhée chronique antérieure. Les hommes robustes, qui contractaient la maladie, par exemple les militaires de la garnison, éprouvaient d'abord d'une manière très marquée la période dite inflammatoire ; mais bientôt se manifestaient les symptômes vulgairement connus sous le nom de putridité, d'adynamie et d'ataxie nerveuse. La mortalité était extrême. Les convalescences, fort longues, étaient presque toujours traversées par des retours fréquents de fièvre et de diarrhée : je m'en assurai surtout dans l'infirmerie de mon Régiment, où je conservais quarante de ces malades.

---

suivant : Vingt hussards du 10me Régiment partirent de Metz le 10 janvier 1814 à dix heures du soir, pour aller à la découverte de l'ennemi ; ils n'avaient point de manteaux ; et ils restèrent toute la nuit à cheval, exposés aux injures de l'air. Le lendemain matin, neuf d'entre eux offrirent des congélations aux pieds, aux mains, ou aux oreilles. » (Ollivier : p. 37.)

» Les blessés de l'hôpital (1) furent en assez grand nombre affectés de typhus et surtout de la dysentérie. Les soins de propreté n'existaient plus. Le nombre des infirmiers, diminué chaque jour par les progrès de la contagion (2), devenait insuffisant : ils craignaient la plupart de contracter la maladie, à laquelle ils voyaient leurs camarades succomber. Leur remplacement était fort difficile. Beaucoup d'officiers de santé tombèrent malades : quelques-uns moururent (3). — L'air était infecté par les exhalaisons des matières dysentériques, que beaucoup de malades, soit par défaut de forces, soit par découragement, rendaient dans leur lit ou sur le parquet voisin.

» A la même époque on recueillit un grand nombre de congélations des extrémités infé-

---

(1). « Je faisais, outre le service du Régiment, celui d'une des salles de blessés de l'hôpital. » (Ollivier).

(2). La confusion se répète sans cesse..., comme si contagion était synonyme d'épidémie.

(3). Si l'infection gangréneuse en avait été la cause, Ollivier n'aurait pas été amené à entreprendre sur lui-même sa fameuse expérience d'inoculation ; et il n'aurait pas manqué de préciser le « typhus traumatique. » Donc les officiers du service de santé ont été victimes d'une de ces fièvres continues, que Louis a groupées plus tard parmi les formes diverses de la fièvre typhoïde.

rieures ; elles existaient presque toutes sur des individus affectés de fièvres, qui, évacués par un froid excessif sur des voitures découvertes, y avaient contracté une gangrène (1) profonde et étendue, jointe au plus mauvais état des forces vitales.

» On pourra juger de la fétidité, que tant de causes septiques répandaient dans l'atmosphère, lorsqu'on saura que le typhus traumatique existait depuis longtemps dans l'hôpital. Il prit alors le plus mauvais caractère ; ses progrès étaient excessifs, la contagion très répandue, et la mort de ceux qui en étaient atteints presque constante (2).

On peut attribuer la multiplication de ces pourritures à une inoculation (3) plus fréquente, résultat de l'augmentation du nombre des chirurgiens, des mutations de rangs et de

(1). C'est encore une confusion regrettable. Il n'y a, dans la circonstance, rien qui soit attribuable à la gangrène gazeuse. Il s'agit de *gélures* au 4me ou au 5me degré.

(2). « Les mêmes causes putrides, débilitantes, étant encore plus intenses à Mayence, durent produire des effets proportionnés ; aussi le typhus et la pourriture d'hôpital y firent les plus grands ravages. C'est rapporté par Ardy, dans sa dissertation *sur le typhus qui régna à Mayence en 1813 et 1814.* » (Ollivier).

(3) Cette fois, le mot est juste... Les germes d'origine tellurique avaient inoculés sur les champs de bataille plus fréquemment que jamais.

malades, qu'on observe presque toujours dans les encombremens ; à l'absence des soins minutieux dans le pansement, qui peuvent prévenir la contagion et manquent presque toujours lorsque le service est trop pénible ; à l'activité que la contagion locale (1) devait acquérir, par suite de la fétidité extrême du pus, qui pouvait ainsi devenir plus éminemment contagieux (1). Elle eut aussi pour cause la saturation de l'air par le gaz fétide, saturation produite par le grand nombre de ces gangrènes, leur étendue en surface et la longueur du pansement, qui, en les laissant exposées à l'air, quelquefois un quart d'heure, facilitait l'évaporation des efflures gangréneux.

» Réunissez à ces puissances septiques l'action des miasmes fébriles et dyssentériques, et vous concevrez que la maladie devait être fort dangereuse, parce que ces causes agissaient, non seulement sur la plaie, mais exerçaient encore leur influence par l'intermédiaire des organes respiratoire, digestif et absorbant cutané. — En effet, s'il est vrai....

---

(1). Contagion et contagieux est mis pour infection et infectieux.... A, F. Ollivier ne savait pas la valeur du mot, que d'autres ont admis, après lui, dans le sens communément accrédité depuis son époque.

que les absorptions gangréneuses exercées par toute autre surface que la traumatique [1],

(1). En donnant lui-même cette démonstration, Ollivier prouve que l'infection gangréneuse n'est pas transmissible par contagion ; tandis qu'elle est transmissible à une plaie, par conséquent par inoculation.

Ailleurs il écrit : — « La pourriture d'hôpital est donc une affection toujours *primitivement locale*, dépendant de causes qui agissent sur la plaie. Des opinions opposées sont dues à ce qu'on a confondu dans sa marche des maladies étrangères, qui peuvent la compliquer ou être compliquées par elles. » (p. 68).

Parmi les adversaires de la contagiosité, il y a Guillon. (Diss. sur l'espèce de décomposition appelée pourriture d'hôpital. *Journal général de médecine.* Paris ; 1811 ; t. XLI ; p. 42). — Croyant lui donner la riposte, A. F. Ollivier fait un aveu... «3me objection par Guillon. Les personnes qui soignent les malades ne la contractent pas.... Réponse : Cela est vrai, si elle n'ont point de plaies ; puisque ce virus n'agit jamais sur la peau saine. » (Ollivier, *l. c.* ; p. 173.)

Le même auteur relève ensuite d'autres objections — 1° Dupin, chirurgien de dragons, a vu un chirurgien espagnol panser des pourritures (d'hôpital) avec les doigts remplis de crevasses, et ne point contracter cette affection. (G. Guillon.) — 2° Thomas rapporte l'expérience suivante : « Dupuytren, prenant du pus dessus un ulcère attaqué de pourriture d'hôpital, l'a appliqué sur une plaie vermeille sans qu'il en résultât aucun mauvais effet sur le malade sujet de l'expérience. » — 3° Richerand n'admet pas que la pourriture (d'hôpital) soit contagieuse, « parce qu'il a plusieurs fois porté quelques gouttes de putrilage, dont elle se couvre, sur des plaies et des ulcères, sans leur communiquer ce genre d'altération. — 4° Viennent ensuite les sept expériences de Wuillaume. — 5° et l'expérience de Dussaussoy, sur un homme de 50 ans, atteint d'un cancer ulcéré de la mamelle du côté droit.

Tout cela prouve que le contact ne suffit pas ; et que le germe pathogène ne pénètre que par effraction.

Donc la contagion n'est pas possible ; c'est par inoculation

ne peuvent produire la pourriture d'hôpital en agissant de l'intérieur à l'extérieur, mais donnent plutôt lieu à d'autres maladies... — Il m'est également démontré par l'expérience qu'elles sont très propres à favoriser ses progrès, et à la rendre funeste, en privant le malade de la résistance vitale, dont la nature a besoin pour borner la maladie, et même en abreuvant ses humeurs, d'un levain septique très favorable à son accroissement et capable

---

que le fléau est introduit.

Il n'y a pas à tenir compte des arguments imprécis de Pointe (*Essai sur la nature et les progrès de la gangrène humide*; Lyon, 1768). Dans le même Hôtel-Dieu de Lyon, où les faits ont été observés, Pouteau a, lui aussi, jugé par le mot de contagion un mode de transmission, qui ne laisse aucun doute. Un simple contact est sans valeur. « Il cite divers exemples de cette communication, qu'il considère comme une *véritable inoculation.* » Et il conclut « que *l'inoculation* est toujours à craindre, même dans l'air le plus salubre. » (Ollivier p. 178)... et, plus loin (p. 190) que « les observations de Pouteau, Dussaussoy et Danillo sont peu ou même nullement concluantes ! » Dans les observations qui, au premier abord, paraissent les plus concluantes, Ollivier reconnaît que le fait allégué « a pu être confondu avec les résultats de l'insertion ou de l'apposition du virus. » (p. 193).

Quand à *l'inoculation* expérimentée sur lui-même, il dit tout net (p. 204) : que « tout a été prévu pour que la pourriture ne puisse pas être attribuée à d'autres causes qu'au virus *inoculé* » et, par une observation tenace, il ajoute sans transition et sans explication : « je ne crois pas qu'on puisse révoquer en doute la propriété contagieuse du virus gangréneux traumatique ».... A l'encontre de cette confusion, il faut répéter clairement que l'infection gangréneuse est transmissible, qu'elle est inoculable ; mais qu'elle n'est pas contagieuse.

de donner lieu à la complication du typhus fébrile. (1).

» Si on veut apprécier le caractère des autres épidémies de pourriture, qui ont été décrites jusqu'ici, on peut consulter la dissertation de Vautier et le mémoire de Delpech. La première décrit l'épidémie de 1810 et 1811 à l'Hôtel-Dieu et celle des hôpitaux établis après la bataille de Wagram. Le deuxième contient une excellente description de l'épidémie qui affligea les blessés revenant d'Espagne, qui avaient été admis à l'hôpital Saint-Eloi de Montpellier. Sa gravité fut en rapport avec l'intensité des causes morales et physiques qui la produisirent et l'accompagnèrent. » (2)

Si on veut apprécier comment l'opinion d'Ollivier a pu paraître paradoxale (3), déjà de son temps, sur l'ensemble de la question de contagion, on relira ce que lui-même a écrit à propos d'une « escare sèche, noirâtre, qu'on

(1) Ce langage obscur explique comment Ollivier est tombé dans des confusions regrettables et dans de graves contradictions.

De ses écrits, il faut retenir les faits et savoir faire l'abandon des interprétations.

(2) Ollivier. *l. c.* ; pp. 38-40.

(3) C'est lui-même qui se sert de cette expression, p. 48.

avait attribué à l'ustion des parties molles (dans les plaies par armes à feu). Eh bien ! c'est cette escare, qui oppose une barrière impénétrable à la contagion. Le virus, même transporté à dessein sur sa surface, ne peut l'infecter, parce qu'elle est imperspirable (*sic*) incapable d'absorber. Ce n'est qu'en faisant des incisions, en opérant des débridemens, qu'on donne accès à la contagion. » C'est donc prouvé par le texte d'Ollivier ; en matière d'infection gangréneuse, c'est l'inoculation, qui est le mode réel de transmission du fléau ; — la contagion n'existe pas.

La gangrène gazeuse n'est pas contagieuse. A l'hôpital Saint-Eloi de Montpellier, il y en a eu des preuves éclatantes sous les yeux de J. Delpech, qui n'a pas compris, mais qui en a rendu un loyal témoignage. Nous avons fait, dit-il, de plus étonnantes observations dans ces conditions ! — « Au milieu des foyers d'infection les plus redoutables, dans des espaces reserrés et où étaient réunis plusieurs blessés gravement affectés de pourriture d'hôpital, nous avons vu des plaies résister longtemps, échapper même complètement à la contagion. Et, ce qu'il y a de plus étrange, ces observations n'ont pas toujours été fournies par les sujets les plus forts et par les plaies les moins étendues. Il est même arrivé que quelques-uns de ces malades ont cédé à l'influence du *contagium* (1) sur l'ensemble de la constitution, qu'ils ont contracté le typhus et qu'ils ont cependant échappé à la pourriture d'hôpital. Y aurait-il eu, dans ces cas, des dispositions négatives, par rapport au principe contagieux, de la part de la surface suppurante ? » (2), se demande J. Delpech.

Désormais le doute n'existe plus. Les blessés, qui ont étonné J. Delpech, n'ont pas été contagionnés, parce que la gangrène gazeuze n'est pas contagieuse.

C'est là un syndrôme essentiellement infectieux ; et il pourra devenir utile de lui donner le nom d'infection gangréneuse.

Il est remarquable de rencontrer, jusque dans les écrits les plus récents, l'erreur tenace qui fait la confusion entre transmission et

(1). J. Delpech pensait que le principe infectieux était le même pour le typhus et pour la gangrène gazeuse. — « Ce même *contagium* émané d'un corps affecté de typhus est propre à produire la pourriture *et vice-versà* » (p. 46.)

(2) *Mémoire sur la complication des plaies et des ulcères, connue sous le nom de pourriture d'hôpital*, par J. Delpech. Paris, 1815 ; p. 58.

contagion des maladies infectieuses. M. Philippe Godard écrit encore : « La gangrène gazeuse, comme toute infection, est contagieuse [1]....!

» Des cas en ont été signalés par les auteurs allemands ; et c'est sans doute à la contagion, qu'il faut attribuer les cas de gangrène gazeuse tardive apparaissant quatre, cinq et même dix jours après l'arrivée du blessé dans un hôpital [2]. C'est à la contagion, que M. Cunio attribue la gangrène gazeuse dans le cas suivant. — Otto W., prisonnier de guerre, était en traitement salle Landry, à l'hôpital Saint-Nicolas de Verdun, au début de mars 1915, pour une fracture de jambe au tiers inférieur. Cette plaie avait été débridée à son arrivée, et drainée. Elle allait bien et le blessé était hospitalisé depuis neuf jours, quand, par suite de changement dans la direction du service, son pansement ne fut plus fait par le même personnel [3]. Au neuvième jour apparaît autour de la plaie une zone œdémateuse, crépitante. En même temps, les tranches musculaires, au niveau des

---

(1). Philippe Godard. *Essai sur le traitement des infections gangréneuses et gazeuses des plaies de guerre*. Thèse de Paris, soutenue le mercredi 22 décembre 1915 ; pp. 26-27.

(2). V. le chap. « Récidives sous le bistouri » tome II.

(3). Il existe bien d'autres faits, qui s'expliquent par la coïncidence, sans aucune relation de cause à effet.

incisions, prennent l'aspect vert-Véronèse des gangrènes. Il fallut, le lendemain, recourir à l'amputation de la jambe au tiers supérieur (1)...

» M. Quénu, à la séance du 23 juin 1915, de la *Société de Chirurgie de Paris*, a attiré l'attention sur ces cas de gangrène tardive, qui surviennent autour de plaies anciennes, bourgeonnantes, chez des blessés évacués paraissant en voie de guérison. — Il semble qu'il y ait là une sorte d'anaphylaxie, préparant le malade à l'éclosion d'accidents brusques à une époque plus ou moins éloignée, (2). — M. Quénu a vu un cas de ce genre chez un blessé de dix-huit jours » (3).

---

(1). « Il est donc de toute nécessité : 1° d'isoler les gangréneux ; 2° de leur affecter, si possible, un personnel et un matériel spéciaux ; 3° de désinfecter tous les objets qui ont été en contact avec eux ; et même, en période de gangrène, de créer un service spécial, totalement indépendant, comme a été le service Ambroise Paré organisé par M. Ombrédanne à l'Hôpital militaire de Verdun. » (Cf. Ph. Godard ; p. 27). — Ces conclusions ne doivent pas être exagérées. Il n'est pas judicieux de les transformer comme des nécessités.

(2). C'est pour les récidives, que la question de l'anaphylaxie peut-être soulevée.

Elle ne repose plus sur aucune base, lorsqu'il s'agit d'une première poussée de la maladie infectieuse. — L'interprétation est alors inacceptable.

(3). Ph. Godard ; *l. c.* ; p. 27.

La phrase de M. E. Quénu se trouve dans les *Bulletins et mémoires de la Société de chirurgie de Paris*. tome XLI ; p. 1325.

Et M. Philippe Godard ajoute, (comme s'il avait donné une bonne raison),..... « Peut-être ces phénomènes *anaphylactiques* expliquent-ils également les reprises soudaines de la gangrène gazeuse, soit précoces, soit très tardives..... » (1). Ce n'est encore présenté que sous forme dubitative ; mais c'est déjà la manière connue pour couvrir une inconnue par un mot à grand effet ! Pendant un siècle entier, *l'idiosyncrasie* a fait l'office antérieurement attribué aux « humeurs peccantes » pour donner une apparence de la satisfaction à l'avide curiosité, qui tourmente l'âme humaine (2). Il ne faut pas que le prestige d'un mot impose silence à la critique et mette un terme aux investigations des chercheurs.

A l'appui de son doute, M. Philippe Godard relate un fait qui est une récidive de gangrène gazeuse, après une période de plusieurs semaines de microbisme latent. Cela s'est vu maintes fois dans la zone des armées pendant la guerre de 1914-1916 : les services de l'avant n'en ont guère l'occasion ; mais ceux de l'arrière en sont parfaitement avertis. — « Un soldat du

(1). Ph. Godard ; *l. c.* ; pp. 27-28.

(2). *Felix, qui potuit rerum cognoscere causas.*

46me Régiment territorial d'infanterie, âgé de 39 ans, entre en mars 1915 à l'Hôpital militaire nº 2 de Verdun, salle du réfectoire, pour une gangrène gazeuse à forme sus-aponévrotique consécutive à une plaie du pied par éclat d'obus. Il est, à ce moment, débridé sur toute la zone crépitante par le médecin auxiliaire Lanos, interne des hôpitaux de Paris. Au moment où son successeur prend le service, toutes ses plaies sont en voie de cicatrisation ; l'état général est excellent ; mais il persiste un peu de douleurs et de crépitation au pli de l'aîne sur une largeur de trois doigts. Plus d'un mois après la blessure, il survient une nouvelle poussée, d'allure aiguë, de gangrène gazeuse ; cette nouvelle poussée est extensive vers la paroi abdominale ; mais elle est rapidement enrayée par une large incision, avec débridement du décollement sous-cutané. Beaucoup plus tard, (14 octobre 1915), les larges et longues incisions faites en avril sont entièrement cicatrisées : elles couvraient toute la jambe et toute la cuisse. Le soldat se borne à signaler un peu d'œdème malléolaire et une sensation de pesanteur dans le membre. » (1)

(1). Les faits de ce genre sont devenus de *banalité* dans certaines formations sanitaires de la guerre de 1914-1916.

Et M. Philippe Godard ajoute : « Il y a de fausses épidémies de gangrène gazeuse [1]. A Verdun, elles ont coïncidé surtout avec les mois d'octobre, novembre, fin février, mars et début d'avril ; avec la période des froids humides ; avec deux séries de grandes attaques.

» Cette simultanéité nous semble due surtout au manque de soins. — 1° Relève tardive. Des blessés, tombés dans les bois ou entre les lignes, sont restés trois, quatre, cinq jours sur la terre, sans soins, sans pansement ! — 2° Hospitalisation trop tardive, dans un milieu approprié ; lenteur des évacuations du début en charrettes lorraines. Le poste de secours ne peut être évacué, très souvent, que la nuit ! Les relais sont trop fréquents sur la route, du poste de secours, à l'ambulance, à la gare d'évacuation, jusqu'à l'hôpital ! — 3° La surveillance est impossible dans les trains d'évacuation, au moment des grandes attaques, à cause de l'encombrement ! » (Ph. Godard).

Il y a bien assez des réelles difficultés de la guerre. Qu'on n'y ajoute plus l'anaphylaxie,

(1). Cette fois l'expression est juste.

ni aucune autre fantaisie ! qu'on n'allègue plus de contagion, puisqu'elle n'existe pas.

Ce qui reste vrai c'est l'inoculation de microbes pathogènes d'origine tellurique dans la guerre de tranchées.

ADDENDUM.

A l'appui des chapitres : — « question de spécificité » et — « un troisième », — la *Société de biologie de Paris* a entendu encore une communication, dans sa séance du 4 décembre 1915. M.M. Weinberg et P. Séguin ont rencontré, dans un cas de gangrène gazeuse mortelle, associé au *Vibrion septique* et au *Bacillus œdematiens,* un nouveau microbe pathogène anaérobie, qu'ils désignent sous le nom de *Bacillus fallax.* Ce bacille, anaérobie strict, est assez facile à cultiver. Il secrète une toxine peu active. (*Paris médical* ; 8 janvier 1916 ; p. 56. 1.)

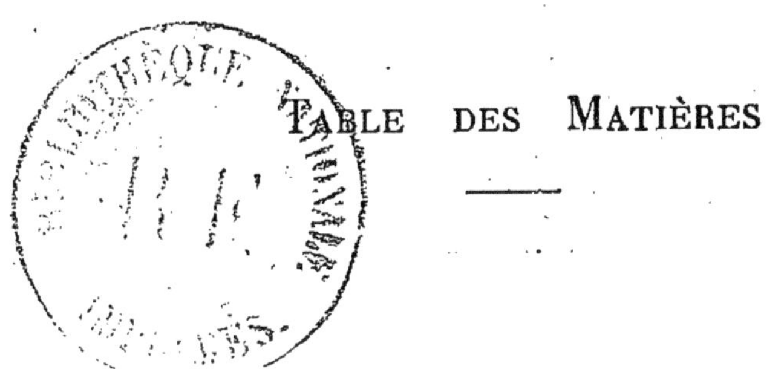

Table des Matières

Préface 7
Définition 9
Entre le passé et l'avenir 25
Un insuccès instructif. 57
Question de spécificité. 71
Un troisième. 109
Une balle retournée. 121
Perplexités 141
Diversités cliniques 153
Difficultés de guerre 177
Deux guérisons 201
Avertissement séculaire 225
Epidémie non contagieuse 233
Addendum 301

Calais – Imprimerie des Orphelins. 70 Quai de l'Est.

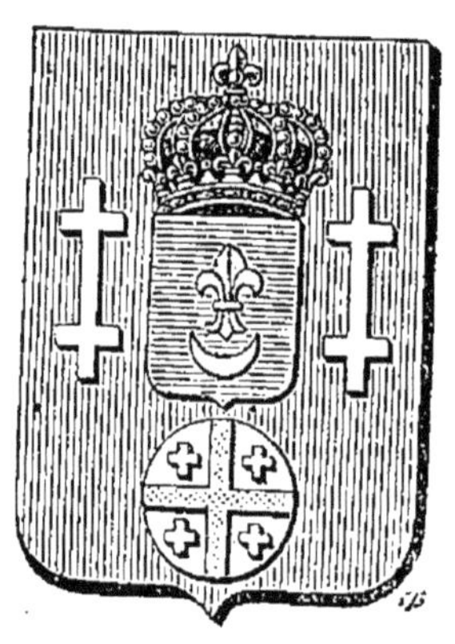

www.ingramcontent.com/pod-product-compliance
Ingram Content Group UK Ltd.
Pitfield, Milton Keynes, MK11 3LW, UK
UKHW012015240726
13965UKWH00002B/379